Haug
Droben stehet die Kapelle . . .

Gunter Haug

Droben
stehet die Kapelle …

Ausflüge in die Vergangenheit Schwabens

Zeichnungen von
Anette Bernbeck

Geleitwort
von Dietmar Schlee

Konrad Theiss Verlag

CIP-Titelaufnahme der Deutschen Bibliothek

Haug, Gunter:
Droben stehet die Kapelle ...:
Ausflüge in die Vergangenheit Schwabens /
Gunter Haug. Zeichn. von Anette Bernbeck. –
Geleitw. von Dietmar Schlee. – 2. Aufl. –
Stuttgart: Theiss, 1989
ISBN 3-8062-0591-4

Schutzumschlag: Jürgen Reichert

2. Auflage 1989
© Konrad Theiss Verlag GmbH & Co., Stuttgart 1988
Alle Rechte vorbehalten
Gesamtherstellung: Ebner Ulm
Printed in Germany
ISBN 3 8062 0591 4

Geleitwort

Wir dürfen es immer wieder neu erfahren und eindrucksvoll erleben: Wir sind in Baden-Württemberg zu Hause in einer einzigartigen Denkmallandschaft. Dieses Land ist reich an Denkmalen der Baukunst und der Geschichte. Archäologische Funde und Überreste aus vergangenen Jahrhunderten legen aussagekräftig Zeugnis unserer Geschichte ab. Etwa 90 000 Bau- und Kunstdenkmale prägen unverwechselbar das Bild unseres Landes, unserer Städte und Dörfer, unserer Landschaft.

Im Bewußtsein der Bedeutung dieses unersetzlichen kulturellen Erbes unternehmen das Land und seine Bürger große Anstrengungen, um die uns anvertrauten historischen Schätze zu erhalten und zu pflegen. Diese Bemühungen sind in unseren Städten und Dörfern deutlich sichtbar. Unserer bewahrenden Obhut sind Bau- und Kunstdenkmale wie das gotische Münster, die barocke Klosteranlage, die Fossilienlagerstätte, der mittelalterliche Burghügel oder das Jugendstilgebäude ebenso anvertraut wie die Zehntscheuer, das Madonnenbildstöckchen oder das die Geschichte der Industrialisierung bezeugende technische Kulturdenkmal. Diese Zeugnisse ermöglichen uns die Begegnung mit der Vergangenheit, mit der Kultur unseres Volkes, mit Wert und Sinn unserer Traditionen. Immer mehr Bürger setzen sich für die Ziele des Denkmalschutzes ein, machen sich die Aufgaben der Denkmalpflege zu eigen. Während wir in der Nachkriegszeit eine allgemeine Abwendung von der Geschichte erlebten – hervorgerufen durch die ungeheuren Fehlentwicklungen insbesondere der deutschen Geschichte –, erfolgt heute wieder eine bewußte Hinwendung zur Geschichte.

Gunter Haug, als Redakteur des Südwestfunks durch seine aktuelle Berichterstattung aus dem kulturellen und kommunalen Bereich bekannt und geschätzt, möchte uns einladen zu seinen Streifzügen durch die Geschichte unseres Landes. Er möchte uns hinführen zu bekannten und weniger bekannten geschichtsreichen Stätten, er will sie uns neu sehen und entdecken helfen.

Gunter Haugs besondere Gabe, Wissenswertes aus der Geschichte unserer Heimat unterhaltsam zu vermitteln, wird in diesem Buch einmal mehr deutlich. Mögen sich die Leser einladen lassen zu diesen Ausflügen, mögen sie sich von der Freude, ja Begeisterung, die der Autor in seinen Geschichten ausdrückt, anstecken lassen. Denn das macht die Stärke und das Verdienst dieses Buches aus, daß der Autor die allgemein kulturgeschichtlichen und volkstümlichen Überlieferungen lebendig werden läßt auf seiner Reise zu 50 ausgewählten Stätten schwäbischer Geschichte.

Dietmar Schlee

Inhalt

Vorwort

Fünfzig Kapitel Geschichten aus dem Württembergischen, Bekanntes und Unbekanntes, Lustiges und Be-
sinnliches, Dramatisches und Romantisches findet der
Leser in diesem Buch, auf diesen Streifzügen durch die
Geschichte unseres Landes. Ganz bewußt habe ich versucht, auch den unterhaltsamen Aspekt nicht zu kurz
kommen zu lassen, denn Geschichte ist mehr als nur eine
Aneinanderreihung von Fakten und Jahreszahlen. Mit all
den beschriebenen Stätten verknüpfen sich Geschichten,
Ereignisse, die auf die eine oder andere Art in die Geschichte eingegangen sind oder Geschichte gemacht haben, manchmal nur an dem Ort, an dem eine Erinne-
rungstafel darauf hinweist, manchmal im ganzen Land.
Und es sind gar nicht immer die großen Ereignisse, die
bekannten Namen, die berühmten Ausflugsziele, die den
schönsten Erzählstoff bieten – gerade auch die fast unbekannten kleinen Begebenheiten machen den Reiz aus, er-
zeugen die Spannung, die nötig ist, um gerne zu hören
und zu lesen, was denn hier, an dieser Stelle, einst passiert ist.
Sicher wird so mancher Leser die berechtigte Frage stel-

len, warum die eine Stätte, die eine Geschichte hereingenommen, eine andere dagegen nicht berücksichtigt wurde. Die Antwort ist einfach: In diesem Land gibt es eine derartige Fülle von historischen Stätten, von Sagen und Erzählungen, daß eine – hoffentlich doch befriedigende – Auswahl getroffen werden mußte, die jedoch keineswegs den Anspruch erhebt, einen repräsentativen Querschnitt durch die württembergische Vergangenheit anbieten zu wollen.

Der Leser soll auf diesen Ausflügen in längst vergangene Zeiten geführt werden, in Zeiten, die sich wohl keiner zurückwünschen mag, die aber andererseits die Grundlage für all das gewesen sind, was wir heute erreicht haben. Daß dies hart erkämpft werden mußte, daß die gesellschaftlichen und technischen Errungenschaften unserer Zeit noch vor einigen Jahrzehnten nicht für möglich gehalten worden wären, daß unsere Vorfahren von dem, was für uns mittlerweile allzu selbstverständlich geworden ist, kaum zu träumen wagten, auch das sollen einige Kapitel in diesem Buch belegen.

Es soll aber auch deutlich werden, wie sehr die geschichtsreichen Stätten unseres Landes mittlerweile bedroht sind von der Gegenwart: sei es die Vogelherdhöhle, in der die ältesten figürlichen Darstellungen der Menschheit gefunden wurden, wo in unmittelbarer Nähe die Dampffahnen des Kernkraftwerks Gundremmingen in den Himmel steigen, oder der idyllisch gelegene Friedhof von Cleversulzbach, dessen Ruhe durch das immer gleiche Geräusch der vorüberrasenden Wagen auf der nahen Autobahn gestört wird, so wie auch das dumpfe Gebrodel der Großstadt die Atmosphäre des Stuttgarter Hoppenlauffriedhofs widersinnig verfremdet.

Wenn dieses Buch das Interesse an der Geschichte unseres Landes, an unser aller Geschichte erhalten oder gar wecken kann, dann hat es seinen Zweck erfüllt. Ich möchte nicht versäumen, mich an dieser Stelle bei den zahlreichen ehrenamtlichen Heimatpflegern, bei den Stadtarchiven und Heimatmuseen zu bedanken, die mir ausnahmslos unkompliziert und hilfsbereit die notwendigen Informationen zugänglich gemacht haben, ohne die meine Ausflüge in die Vergangenheit nicht möglich gewesen wären.

Gunter Haug

Die Achalm

Der Berg samt seinem Turm obendrauf sieht genauso aus, wie der Stammsitz eines mächtigen Grafengeschlechts halt aussehen sollte: markant über die Landschaft ringsum in den Himmel ragend, von überall und weit her schon zu sehen, romantisch und uneinnehmbar. Die Achalm, der Reutlinger Hausberg, von dem ein ordentlicher Teil zur Nachbarstadt Eningen (unter Achalm) gehört, darf man nicht nur von unten gesehen haben, man sollte auch einmal den – je nach Parkplatz – mehr oder weniger langen Weg auf den Gipfel des über 700 Meter hohen Zeugenbergs gemacht haben, sollte den wunderschönen Rundblick von hier oben genossen und – so mag es dem einen oder anderen vielleicht ergehen – auch die Enttäuschung verdaut haben, wenn da statt einer mittelalterlichen Burganlage nur noch ein Turm mit seiner Wetterfahne vor einem steht. Nicht einmal der ist eigentlich historisch, sondern 1838 im Auftrag des württembergischen Königs Wilhelm I. wiederhergestellt worden. Das also ist alles, was von der sagenhaften Achalmburg mit ihrer wechselvollen Geschichte übriggeblieben ist? Der Betrachter muß sich hier oben in der Tat mit der unvergleichlichen Aussicht zufriedengeben und kann den Berg allenfalls in seiner Phantasie mit sagenhaften oder historischen Gestalten beleben – etwa mit dem Grafen Egino aus einem in Dettingen bei Urach ansässigen mächtigen Geschlecht, der in den Jahren um 1030 den ihm für die künftige Stammburg seiner Familie wie geschaffen erscheinenden Berg um teures Geld (beziehungsweise viel Land) kaufte und hier einen Herrensitz bauen ließ. Mit Egino verknüpft sich die in und um Reutlingen nach wie vor lebendige Sage um den Ursprung des Namens Achalm, der folgendermaßen entstanden sein soll:

Eines Tages sei Graf Egino wieder einmal zur Baustelle seiner neuen Burg den Berg hochgeritten, da habe er den Streit zweier Bauarbeiter mitbekommen. Worum es dabei ging, weiß man natürlich nicht mehr, auf jeden Fall soll der Graf den einen wegen des Vergehens gestraft und in den wohl schon fertigen Kerker gesperrt haben – am anderen Tag aber war der Häftling spurlos verschwunden. Die Geschichte wäre sicherlich in Vergessenheit geraten, wenn nicht einige Tage später der entsprungene Häftling dem Grafen im Gebüsch aufgelauert und ihm aus Rache den Dolch in die Brust gestoßen hätte. Graf Egino wurde so schwer verletzt, daß er bald sein letztes Stündlein nahen spürte. Also ließ er seinen Bruder, Graf Rudolf, zu sich holen und bat ihn um den Weiterbau der geliebten Burg. Dieser Graf Rudolf, der heute als eigentlicher Erbauer der Burg gilt, versprach es und wollte nur noch wissen, wie man denn das Gemäuer nennen solle. Der Sterbende mühte sich um eine Antwort, doch ein Blutstrom quoll aus seinem Mund, und mehr als den qualvollen Seufzer »Ach, allm ...« brachte er nicht hervor, ehe er tot aufs Lager zurücksank. »Ach, allmächtiger Gott!« hat er wohl ausrufen wollen, und so nannte sein Bruder die neue Burg nach den letzten Silben, die der Sterbende auf den Lippen hatte: Achalm.

Ausgerechnet den Reutlingern übrigens, die auf »ihren Berg« heute so stolz sind, war die Achalm früher ein Dorn im Auge, denn sie gehörte seit dem 14. Jahrhundert den Grafen von Württemberg (das Geschlecht der Achalm-Grafen war schon 1098 ausgestorben), und die Württemberger waren natürlich ebenso eine Konkurrenz für die Freie Reichsstadt Reutlingen wie umgekehrt. Jedenfalls gab es immer wieder Händel, und im Jahr 1377 kam es zur »Schlacht bei Reutlingen«, in der den Württembergern von den Reichsstädtern eine herbe Schlappe zugefügt und der Städtekrieg entschieden wurde. Auch später gab die Achalm immer wieder einmal Anlaß zu kleineren oder größeren Händeln: 1519 wurde hier – mit der Ermordung des Achalmer Burgvogts – immerhin der Krieg des Schwäbischen Bundes gegen Herzog Ulrich von Württemberg ausgelöst, der mit der Vertreibung des Herzogs endete.

Im 17. Jahrhundert zerfiel die Burg, nachdem sie ihre strategische Bedeutung für das Haus Württemberg eingebüßt hatte. Da auch dem einen oder anderen Versuch, hier im Berg Gold zu finden, kein Erfolg beschieden war, blieb der Berg glücklicherweise unverändert erhalten, und eine zweite Sage hielt sich noch in der Erinnerung der Leute: daß nämlich um die »Wurzel« der Achalm eine goldene Kette gewunden sei (deshalb auch die Goldsuche). Diese Kette sei der Grund, weshalb es auf der Achalm niemals hagle und weshalb hier oben auf diesem markanten, der Witterung schutzlos ausgesetzten Gipfel nie der Blitz einschlage. Eine Sage, deren Wahrheitsgehalt man am besten nicht überprüfen sollte.

Der Asperg

»Weshalb gilt der Asperg als der höchste Berg von Württemberg? Weil viele hinaufgegangen sind, aber längst nicht alle wieder herunterkamen.« So zynisch treffend charakterisiert ein Kenner der Geschichte dieses jahrhundertealten Staatsgefängnisses den Asperg. Mächtig erhebt er sich über der Ebene, von oben bietet er einen weiten Blick in die Gegend um Stuttgart und Ludwigsburg, und dennoch, romantisch will die Stimmung eigentlich auch dann nicht werden, wenn am Horizont die Sonne glühend rot untergeht. Den »Tränenberg« haben sie ihn genannt oder – wie der Asperg-Häftling Friedrich List – den »Höllenberg«. Der Dichter und Musiker Christian Friedrich Daniel Schubart, der auf Geheiß des Herzogs Carl Eugen für zehn Jahre auf dem Asperg eingesperrt wurde, schrieb: »Schauer fuhr durch mein Gebein, als sich der Asperg vor mir aus seinem blauen Schleier enthüllte.«
Und wen haben sie da nicht alles eingesperrt, die jeweiligen Regenten! Alle, die auch nur entfernt von dem abwichen, was offizielle Linie der Landespolitik war, schwäbische Dichter und Denker genauso wie oppositionelle Po-

litiker, widerborstige Untertanen und undankbare Landeskinder. Die Liste der Gefangenen vom Asperg ist lang – hier nur einige der bekanntesten Namen: der von Neidern denunzierte Joseph Süß-Oppenheimer, der als »Jud Süß« auf tragische Weise in die württembergische Geschichte einging, der bereits erwähnte Schubart, August Friedrich Hauff, der Vater von Wilhelm Hauff, der Ökonom und Abgeordnete Friedrich List, Theobald Kerner, der Sohn von Justinus Kerner, in den Jahren um 1848 zahlreiche Demokraten, Abgeordnete, Journalisten und Redakteure, im Dritten Reich der ehemalige württembergische Staatspräsident Eugen Bolz . . .

Joseph Oppenheimer, der »Jud Süß«, trat hier aus Protest gegen seine Verhaftung und die Haftbedingungen in den Hungerstreik – ohne Erfolg. Er wurde schließlich am 4. Februar 1738 hingerichtet. Schubart, der »schwäbische Voltaire«, der 1774 die kritische Zeitschrift »Deutsche Chronik« gründete und 1777 von Beauftragten Herzog Carl Eugens mit einer List nach Blaubeuren gelockt, dort verhaftet und danach auf den Asperg geschleppt wurde, hat man von herzoglicher Seite eine »sehr böse und sogar gotteslästerliche Schreibart« vorgeworfen, Grund genug für eine Einweisung zur Erziehung und Besserung in das berüchtigte Gefängnis. Einen Untertanen wollten sie aus ihm machen, einen brauchbaren, der keine Widerrede wagte, versteht sich. Während der zehnjährigen Haft hat Schubart hier seine gesammelten Werke bearbeitet, deren Herausgabe schließlich dem Herzog noch einige Gulden einbrachte. Als er dann 1787 entlassen wurde, war sein Wille dennoch nicht gebrochen, wie er selbst schrieb, allerdings, auf so scharfe Reden, auf Skandale wie vor der Haftzeit auf dem Asperg hat er wohlweislich verzichtet. Vier Jahre nach seiner Entlassung ist er gestorben.

Der »Staatsfeind« Friedrich List, den man 1822 auf dem Asperg Uniformstücke sortieren und Kleiderlisten schreiben ließ, kam erst frei, als er auf seine württembergischen Bürgerrechte verzichtete und versprach, nach Amerika auszureisen.

Der Asperg, eine Stätte, die immer noch Schauer hervorruft, wenn man dort oben steht und auf die schweren Tore in den dicken Festungsmauern schaut, die heute ein Gefängniskrankenhaus abschließen. Die Stätte, an der viele Ideale im Moder, in feuchten, kalten Verliesen begraben, wo 700 Jahre lang Gefangene kaserniert, schikaniert und »umerzogen« wurden, der württembergische »Demokratenhügel«, an dem so viele freiheitliche Ideen und Illusionen zerbrachen, man sollte dort oben gewesen sein und all der Gefangenen von damals gedenken, die ihrer Überzeugung wegen hier in den Kerker gesteckt wurden. Ein entscheidendes Stück württembergischer Geschichte, ganz anders als etwa das vom Alten oder Neuen Schloß in Stuttgart, ist hier auf dem Asperg geschrieben worden, auch wenn mancher gern auf seine Beteiligung daran verzichtet hätte.

Das Jäcklegrab von Bergfelden

Man findet es nicht, wenn man sich nicht vorher eingehend bei Einheimischen danach erkundigt hat, und man sieht es fast nicht, auch wenn man sich ihm bis auf wenige Meter genähert hat: das »Jäckle-Grab« von Bergfelden, einem Ortsteil von Sulz am Neckar. Es ist kein Wallfahrtsort, dieses Grab, eher eine Art Geheimtip für ortskundige Wanderer, die mit der Geschichte ihrer engeren Heimat etwas vertraut sind und sich von alten Bergfeldenern vielleicht einmal die Sage vom Johann Jäckle und seinem Grab haben erzählen lassen. Es muß irgendwann im 17. Jahrhundert gewesen sein, als der Jäckle-Johann, vermutlich ein Waldarbeiter, das Zeitliche segnete. Wer und was er zu Lebzeiten genau war, das kann heute niemand mehr sagen, sicher ist nur soviel: Noch als Toter muß er eine Art Spaßvogel gewesen sein, denn als man ihn auf dem Bergfeldener Friedhof begraben wollte, habe er, heißt es, »nicht gutgetan« – was auch immer damit gemeint sein soll. Auf jeden Fall war klar, daß der Jäckle nicht auf dem Friedhof, sondern in seinem geliebten

Wald begraben sein wollte – deshalb die Vermutung, es habe sich um einen Waldarbeiter gehandelt. Die sterbli chen Überreste vom Johann Jäckle wurden also auf einen Karren gelegt und mit Pferden in den Wald transportiert. Doch auch auf dieser Fahrt noch spukte der Jäckle kräftig herum, denn immer wenn es bergauf gegangen sei, so erzählt die Sage, hätten sich die Bremsen angezogen, und die armen Pferde hätten es kaum verschnaufen können, bis sie ihre Fracht den Berg hinaufgebracht hätten. Sei es aber bergab gegangen, hätten sich die Bremsen gelöst, und die Pferde hätten es nun kaum vergaloppieren können, so sehr habe der Wagen mit dem toten Spaßvogel darauf geschoben. Als dann schließlich die Begräbnisstelle mitten im Wald gefunden und ein Grab ausgehoben war, wurde der Sarg mit Johann Jäckle in die Erde gelassen, wobei »die Bäume sich verneigt und ihre Wipfel gesenkt« hätten. Seitdem hat der Jäckle seine Ruhe, und Waldarbeiter – früher zogen sie den Hut, wenn sie an seinem Grab vorbeigingen – pflegen bis auf den heutigen Tag die Grabstelle des Johann Jäckle.

Am »Jäcklegrab« findet sich neben einem eingezäunten Blumenbeet und einem einfachen Birkenkreuz ein von einem Bürger des Ortes gebautes Kästchen, in dem eine Art »Gästebuch« jeden Besucher einlädt, sich hier zu verewigen, was die meisten – so ist angesichts der Fülle von Eintragungen zu vermuten – auch tun. Das Buch allein ist eigentlich schon die Wanderung zum »Jäcklegrab« wert, denn von nachdenklichen Sätzen über den Sinn des Lebens und Betrachtungen über die Landschaft bis hin zu mehr oder weniger witzigen und derben Sprüchen und Kritzeleien enthält das Buch alles, was man sich an Eintragungen nur vorstellen kann. Gerade das ist eine eigentümliche Erfahrung, die man hier macht: wie sich unsere Mitmenschen am Grab eines Unbekannten ihre Gedanken machen, die einen werden nachdenklich, die anderen versuchen witzig zu sein, aus welchen Gründen auch immer – doch jeden berührt das »Jäcklegrab« – nur halt jeden auf seine Weise . . .

Die Ruine der Feste Blankenhorn

Man könnte sie verfehlen, die Burg mit einer der mächtigsten Schildmauern Baden-Württembergs, die völlig vom Wald zugewachsen einen Kilometer südlich von Eibensbach (einem Ortsteil von Güglingen) auf einem 390 Meter hohen Berg steht: die Ruine der Feste Blankenhorn. Zwei Wege führen zum Ziel auf der Höhe – der eine steil hinauf, der andere, bequemer, rund um den Bergkegel auf dem Waldlehrpfad bergan. Besonders an den Sonn- und Feiertagen im Mai sind beide Routen mit Scharen von Wanderern und Vergnügungssuchenden bevölkert, denn in diesen Wochen, gerade zu der Zeit, da es hier unter dem frischen, lichtgrünen Frühlingslaub am schönsten ist, findet auf der Ruine das Blankenhornfest statt.

Obwohl Ruine, bietet das Gemäuer aus dem frühen 13. Jahrhundert noch einiges Sehenswerte: Außer der bereits erwähnten mächtigen Schildmauer – unten drei Meter stark und bis zu einer Höhe von 25 Meter teilweise erhalten – ist in erster Linie für Bauhistoriker die im Jahre 1980 restaurierte Futtermauer interessant, die die einzige ihrer Art nördlich der Alpen und mit denen der apulischen Burgen aus der Zeit Kaiser Friedrichs II. vergleichbar sein soll. Urprünglich im Besitz der Herren von Neuffen, kam die Festung im Jahr 1321 an Württemberg. Im ausgehenden 15. Jahrhundert setzte allmählich der Verfall ein, und die Eibensbacher bedienten sich der Burg als willkommenem Steinlieferanten für den Hausbau.

Doch auch heute noch ist die einstige Größe dieser Anlage spürbar, wenn man auf dem gewachsenen Fels bei der Schildmauer steht und die schön behauenen staufischen Buckelquader mit den erstaunlich vielen, noch deutlich sichtbaren Steinmetzzeichen betrachtet. Die Staatliche Forstverwaltung, in deren Besitz die Ruine ist, hat sie auf einer Tafel aufgelistet, und wer nicht alle auf den Steinen mehr entdecken kann, bekommt wenigstens auf diese Weise ein Bild von der Vielzahl der hier mit dem Bau der Burg beschäftigten Handwerker vermittelt, die sich mit ihren Zeichen ein »Denkmal« gesetzt haben, immerhin ein Zeugnis, eine Nachricht von einfachen Leuten auf einer Adelsburg, das die Jahrhunderte überdauert hat.

Natürlich rankt sich um diese tief im Wald verborgene Burg eine Sage – die schauerliche Sage vom Ritter Wolf von Blankenhorn, der irgendwann im Mittelalter auf der Burg gehaust haben soll.

In diesen ebenso stolzen wie ruchlosen Ritter verliebte sich auf einem Turnier das Ritterfräulein Kunigunde von Sachsenheim – doch der Ritter heiratete Elisabeth von Stromberg. Offenbar war die Mutter dieses Wolf mit ihrem Sohn nicht einverstanden, redete ihm wohl öfter ins Gewissen – jedenfalls wurde sie ihm lästig, und er ließ sie eines Tages ins Burgverlies werfen und dort verhungern. Als diese schändliche Tat ruchbar wurde, mußte er fliehen und schlug sich mit seiner Elisabeth bis nach

Venedig durch. Dort tat er aber auch nicht gut, und nachdem er im Streit einen Geistlichen erschlagen hatte, verließ er die Stadt auf schnellstem Wege. Irgendwann kehrte er schließlich auf seine Burg zurück. Seiner Elisabeth war er mittlerweile überdrüssig geworden, und auch sie verschwand im Verlies. Ohne ihren Hungertod abzuwarten, heiratete der Finsterling nun Kunigunde von Sachsenheim und zog mit ihr in das Sachsenheimer Schloß, was dem dort wirkenden guten Schloßgeist, dem an anderer Stelle dieses Buches beschriebenen Klopferle, überhaupt nicht gefiel. Ein Sturm sei entfacht worden, heißt es in der Sage, und gerufen habe es: »Wehe, wehe, wehe. In drei Jahren, drei Tagen und drei Stunden . . .« solle sich der Fluch erfüllen, mit dem Wolf belegt worden sei. Und tatsächlich, der ruchlose Ritter, der dem Geschlecht der Sachsenheimer nur Unglück brachte, kam drei Jahre, drei Tage und drei Stunden nach seiner unrechtmäßigen Hochzeit bei einem Schloßbrand ums Leben. Noch heute aber geht die »weiße Frau« oben an der Ruine Blankenhorn um (ob Elisabeth oder die Mutter, ist unklar, auf jeden Fall eine Frau, die elendiglich im Kerker verschmachtet ist), und an kalten, stürmischen Wintertagen geistert auch ein alter Ritter auf seinem Pferd um die Ruine: Es ist Wolf von Blankenhorn, der mit seinem Erscheinen ein gutes Weinjahr ankündigt und so wenigstens nach seinem Ende den Menschen endlich etwas Positives beschert.

Der Blautopf bei Blaubeuren

»Von Farbe ganz blau, sehr herrlich, mit Worten wohl nicht zu beschreiben«, so charakterisiert Eduard Mörike in seinem »Stuttgarter Hutzelmännlein« den Blautopf von Blaubeuren. Versuchen wir trotzdem, diese zweitgrößte Karstquelle der Bundesrepublik zu beschreiben: Da ist zunächst die Farbe, von der der Blautopf den Namen hat – blau. Doch so oft ist die Wasserfläche am Steilabfall der Albhochfläche gar nicht wirklich blau, oft eher dunkelgrün, manchmal fast braun – je nach Jahreszeit und Wetter. Nur eines ist immer gleich, im Sommer wie im Winter: die Temperatur des Wassers, das aus dem Blautopf sprudelt. Das Thermometer zeigt hier konstant neun Grad Celsius an. Unterschiedlich ist dagegen die Wassermenge, die der Blautopf hervorbringt. Am größten ist sie natürlich im Frühjahr, wenn es nach der Schneeschmelze auf der Alb richtig schäumt und brodelt, über 26 000 Liter Wasser pro Sekunde können dann aus der Tiefe hochsprudeln. Unübersehbar, unüberhörbar ist das für alle, die an solchen Tagen den Blautopf besuchen, während man in den Sommermonaten oft genug enttäuscht am Uferrand bei der Hammerschmiede stehen

kann und nichts sieht als einen kleinen, ruhigen See, der so gar nichts von einer Quelle an sich hat und der es an solchen Tagen gerade noch auf 300 bis 400 Liter pro Sekunde bringt. Doch genug der nüchternen Zahlen – schauen wir uns um in diesem romantischen Winkel hinter dem ebenso berühmten wie sehenswerten Benediktinerkloster, in dem seit 170 Jahren ein Evangelisch-theologisches Seminar untergebracht ist. Da steht außer der historischen Hammerschmiede, in der die von Wasserkraft getriebenen Schmiedehämmer dröhnen, das Denkmal der Albwasserversorgung, und da steht, geheimnisvoll verborgen und umgeben von Büschen und Bäumen, eine Statue: die Statue der schönen Lau, der berühmten Wassernixe aus Mörikes »Historie von der schönen Lau«.

Spätestens seit der Veröffentlichung dieser – von Mörike frei erfundenen – Geschichte ist der Blautopf zu einem der beliebtesten Ausflugsziele im Land geworden, denn wer würde nicht gern sehen, wo diese Fürstentochter gewohnt hat? Verheiratet soll sie mit einem alten Donaunix am Schwarzen Meer gewesen sein, dem sie aber nur tote Kinder geboren hatte und von dem sie deshalb verbannt worden war. Hier im Blautopf von Blaubeuren hat die Arme dann gewohnt, und erst wenn sie fünfmal herzhaft lachen würde, sollte sie imstande sein, gesunde Kinder zu bekommen und zu ihrem Donaunix ans Schwarze Meer zurückkehren zu können. Und dabei war sie eine so schöne Frau mit ihrem langen, fließenden Haar, die da unten im unergründlich tiefen Blautopf, umgeben von ihrem Hofstaat, im prunkvollen Palast hockte und einfach nicht lachen konnte. Wäre da nicht allmählich ein guter Kontakt zu einigen Blaubeurern entstanden, die sie tatsächlich ab und an zum Lachen brachten, viermal, bis zu dem berühmten Tag, als ein nichtsahnender Zeitgenosse wieder einmal die rätselhafte Tiefe des Blautopfs mit einem Lot ausmessen wollte. Dem hat eine Wassernixen-Zofe das Lot abgeschnitten, die Schnur immer tiefer gezogen und dann eine Zwiebel, eine goldene Schere und eine Perlenkette darangehängt. Ganz irr sei er von diesem Schabernack geworden und habe ob des verlorenen Bleilots eine Zeitlang immer nur vor sich hingemurmelt: »'s leit a Klötzle Blei glei bei Blaubeura, glei bei Blaubeura leit a Klötzle Blei.« Eines schönen Tages sollte nun auch die schöne Lau diesen Spruch hersagen, möglichst schnell, was (jeder, der es selber schon probiert hat, wird's bestätigen) fast unmöglich ist, und tatsächlich, auch sie schaffte es nicht und brach in ein fröhliches Gelächter aus: Es war das fünfte Lachen, sie war erlöst, ihr Donaunix konnte sie auf dem Wasserweg im Triumphzug zurück ans Schwarze Meer führen.

Eine schöne Erzählung, die in das geheimnisvolle Bild paßt, das die Blaubeurer schon immer von ihrem Blautopf gehabt haben. Da wurden Prozessionen an die Quelle geführt, goldene Becher ins Wasser geworfen, um im Frühjahr die Wassergeister zu besänftigen, da wurde mit so mancher Schnur lange vergeblich ausgelotet, bis endlich die Tiefe von 21 Metern feststand.

Erstmals bis zum Grund des Blautopfs sind Taucher im Jahr 1957 vorgedrungen. Seither haben sich hier einige Tragödien und Tauchunfälle ereignet, so daß der geheimnisvolle Blautopf, der die Taucher geradezu magisch anzieht, gesperrt wurde. Nur der Höhlentaucher Jochen Hasenmayer darf hier tauchen. Er kann die Geheimnisse des Blautopfs lüften und ist als erster Mensch bereits über tausend Meter in die Blautopf-Höhle vorgedrungen. Am 4. November 1985 hat er einen 30 Meter

hohen, nur teilweise mit Wasser gefüllten Abschnitt entdeckt, mit faszinierenden Steingebilden, die vorher noch
nie ein Mensch gesehen hatte. Wen wundert es, daß er
dieser Höhle den Namen des Mannes gab, der den Blautopf mit der Geschichte von der Wassernixe bekannt gemacht hat: Als »Mörike-Dom« ist die Höhle mittlerweile
zu einem Begriff geworden, weit über Blaubeuren hinaus.

Die Kapelle auf dem Alten Berg von Böttingen

An einem 4. Juni ist hier schon mal Schnee gefallen, und ab und an erfrieren die Erdäpfel auch noch im Juni – hier oben in Böttingen auf dem Heuberg im Landkreis Tuttlingen, in der höchstgelegenen Gemeinde Württembergs. Und ganz oben, auf der höchsten Erhebung von Böttingen, auf dem 980 Meter hohen Alten Berg, steht eine Kapelle – eine merkwürdige Kapelle, achteckig im Grundriß und eben ganz anders als die meisten anderen Kapellen. Von hier aus hat man einen atemberaubend schönen Blick über die gesamte Westalb, über den Heuberg zum Schwarzwald bis zum Feldberg, und bei Föhn sieht man auch die Schweizer Alpen, die deutschen und die österreichischen Alpen fast zum Greifen nah. An einem so schönen Fleckchen Erde muß einfach eine alte Kapelle stehen, denkt der Wanderer, ohne sich über das Bauwerk zu wundern. Wundern würde er sich eher, wenn er erführe, daß mit dem Bau dieser Kapelle erst 1907 begonnen wurde. Vorher gab es hier keine Kapelle, auch keine Burg, zumindest ist keine nachgewiesen. Doch Bestattungen aus der Hallstattzeit hat man gefunden, also muß der Berg von den Kelten wahrscheinlich auch zeitweilig bewohnt worden sein.

Doch zurück zur Kapelle: Erbauen wollte sie ihm Jahr 1907 der Böttinger Josef Huber, und zwar – entsprechend seinem Vornamen – als Josefskapelle. Sein früher Tod ließ die Bauarbeiten aber bald wieder ruhen. Gerade der Rohbau war bis dahin fertiggestellt worden, und der Kapelle schien ein trauriges Schicksal bevorzustehen. Hätte sich nicht im Jahr 1919 die gebürtige Böttingerin Valentine Maria Schmid, die mittlerweise in Paris lebte, wieder einmal auf dem Heuberg aufgehalten und wäre ihr nicht der jammervolle Zustand der halbfertigen Kapelle auf dem Alten Berg aufgefallen: Das Dach hatte bereits Schaden gelitten, die Wände waren feucht, das Gemäuer selbst diente bestenfalls als Tummelplatz für die Böttinger Dorfjugend. Da Valentine Maria Schmid nicht unvermögend war, ließ sie die Kapelle weiterbauen, im Beuroner Stil, und mit einer – heute entfernten – Tafel mit den Namen der im Ersten Weltkrieg gefallenen Soldaten versehen. Zum Rosenkranzfest 1919 wurde die Kapelle eingeweiht. Später schuf der Beuroner Mönch Pater Tutilo einen Kreuzweg aus Holzreliefs. In den Jahren 1975 und 1980 sind allerdings 14 Reliefs gestohlen worden, so daß heute nur noch die Bilder eines Tuttlinger Hobbymalers, Kopien der alten Originale, an den einzelnen Stationen zu sehen sind.

Aber der Anziehungskraft des Alten Bergs auf die Menschen in der näheren und weiteren Umgebung hat dies keinen Abbruch getan: An klaren Tagen, wenn das Wetter umschlägt und gute Fernsicht – Alpensicht – zu erwarten ist, oder an Sonntagen gibt es auf dem sonst so einsamen Heuberg genausowenig freie Parkplätze wie an einem verkaufsoffenen Samstag vor Weihnachten in

Stuttgart. In Scharen pilgern die Menschen zu der inzwischen renovierten Kapelle hinauf und genießen den Blick in die Landschaft. Viele tragen sich auch in das kleine Buch ein, das auf einer Holzbank der Kapelle ausliegt: Hoffnungen auf ein gutes Jahr werden hier festgehalten, auf Frieden in der Welt, auf Glück und Zufriedenheit. Das alles findet sich hier genauso wie der Stoßseufzer kurz nach dem 1. Mai 1986: »Laß uns kein zweites Tschernobyl erleben.« Oder: »Mach, lieber Gott, daß meine liebe Gertrud wieder gesund wird.« Oder: »Laß unsere Liebe niemals enden«, und immer wieder der Wunsch nach Frieden, der hier oben auf dem Alten Berg bei Böttingen fast beschworen wird angesichts der Landschaft, die sich ringsum präsentiert: karg, schön und überwältigend friedlich.

Die Bronner Mühle
im Donautal

Das Verderben kam mitten in der Nacht. Vermutlich gegen drei Uhr (genau konnte der Zeitpunkt nie ermittelt werden) lösten sich 500 000 Tonnen Erde, Geröll und Fels von einem Hang und wälzten sich donnernd in die Tiefe. Alles, was im Weg war, wurde von der Unmasse begraben, auch die alte Bronner Mühle im Donautal zwischen Fridingen und Beuron. Von ihren vier Bewohnern überlebte wie durch ein Wunder die fünfjährige Tochter der Müllersleute, für die anderen kam jede Hilfe zu spät.

Erst am Morgen gegen acht Uhr entdeckte ein Nachbar die Katastrophe: Er hatte im rund einen Kilometer entfernten Jägerhaus zwar in der Nacht ein dumpfes Grollen gehört, dies jedoch als Gewitter gedeutet. Auch die Tatsache, daß plötzlich das Licht ausgefallen war, schien seine Vermutung eher zu bestätigen. Erst später zeigte sich dann, daß der Erdrutsch auch die elektrische Leitung mit in die Tiefe gerissen hatte. An jenem Morgen des 17. Oktober 1960 wollte der Nachbar Karl Stehle die schmale Donautalstraße Richtung Fridingen fahren. Nach einer Kurve konnte er gerade noch bremsen: Die Straße war meterhoch verschüttet, über dem Tal herrschte eine unnatürliche Stille, kein Mühlradklappern mehr, überhaupt keine Mühle mehr zu sehen, alles begraben unter Erde, Gesteinsbrocken und Geröll, keine Antwort auf seine Rufe.

Auf dem Bahnhof von Beuron schließlich konnte er um Hilfe telefonieren, obwohl der Bahnbeamte die Geschichte von der verschütteten Bronner Mühle zunächst nicht glauben wollte und sie für einen schlechten Scherz hielt. Nach dem Alarmruf eilten Gemeindearbeiter von Fridingen, Feuerwehr, technisches Hilfswerk und Soldaten aus der nahe gelegenen Kaserne zu der Stelle, an der einen Tag vorher noch die Bronner Mühle gestanden hatte, und suchten in dem Chaos nach Überlebenden. Der zwölfjährige Walter, die Mutter und der Vater konnten nur noch tot geborgen werden, die fünfjährige Ingeborg fand man fast unverletzt unter einem großen Schrank, der auf das Kind gestürzt war und die Erdmassen so von ihr abgehalten hatte.

Die Katastrophe im Donautal warf Fragen auf: Hätte man das Unglück nicht vorhersehen müssen? Wie konnte es zu diesem Erdrutsch kommen? Gibt es Verantwortliche, die nicht rechtzeitig reagiert haben? Erst nach Monaten brachten die Gutachten Klarheit: Schon seit Jahren war der Hang gerutscht, zwar immer nur geringfügig, aber doch so stark, daß es immer wieder Schäden am Wohngebäude und am Stall gegeben hatte, Risse und Verformungen, aber nicht mehr. Deshalb hatte der Müller Hugo Frey einige Jahre vor der Katastrophe noch einen neuen Stall gebaut und gehofft, nun endlich damit »Ruhe zu haben«.

Alte Fridinger erinnern sich noch ganz genau an jenen Oktober im Jahr 1960 – ungewöhnlich früh sei der Winter damals gekommen, ungewöhnlich stark habe es obendrein vor dem Erdrutsch geregnet. Die Experten stellten fest, daß der Hang an den Stellen, an denen er 25 Meter tief abgebrochen war, schon jahrelang Spalten und Klüfte gehabt haben mußte, die sich in dem regenreichen Oktober 1960 mit Wasser füllten und schließlich den ganzen Berg ins Rutschen brachten.

Heute, über ein Vierteljahrhundert nach der Katastrophe, präsentiert sich das Donautal an der ehemaligen Bronner Mühle ruhig, beschaulich und romantisch. Und wären da nicht ein paar verwilderte Obstbäume, der alte Mühlkanal und ein Mühlstein mit einer Inschrift zum Gedenken an die Opfer des Bergrutsches vom 17. Oktober 1960, würde nur noch ein Ortskundiger die Stelle finden, an der von einem Augenblick zum anderen eine ganze Mühle dem Erdboden gleichgemacht wurde.

In der Stadt Fridingen ist die Bronner Mühle freilich nicht vergessen – an jedem Jahrestag des Unglücks kommen ehemalige Helfer und Familienangehörige der Verunglückten zu der Stelle, an der die alte Mühle stand, und erinnern sich an die Zeit, als im schönsten Abschnitt des Donautals noch ein Mühlrad klapperte und Kinder vor dem Gebäude spielten, nicht ahnend, welches Unheil sich da einige Meter entfernt am Waldrand zusammenbraute.

Der Bussen

Man nennt ihn den »heiligen Berg Oberschwabens«, den 767 Meter hohen Bussen im Landkreis Biberach, der sehr zum Leidwesen der Gemeinde Unlingen nur zu drei Vierteln zu ihrer Markung gehört, dessen Gipfel aber Uttenweiler Markung ist. Die Zufahrt zu dem Berg, den jährlich Tausende von Wallfahrern besuchen, ist deutlich beschildert. In Offingen am Fuß des Berges fährt man bereits am Gasthaus »Zum Petrus« vorbei, im unvermeidlichen Andenkenkiosk werden »Bussenkindle« verkauft, der Parkplatz ist groß, den Kreuzweg zur Kirche hinauf säumen eindrucksvolle moderne Reliefs auf mächtigen Kalksteinblöcken. Der Blick von oben über die Moränenlandschaft und ganz Oberschwaben – an schönen Tagen bis zur Zugspitze und zu den Berner Alpen – ist prächtig. Der Bussen, ein geschichtsträchtiger, das Umland prägender und beherrschender Bergkegel, war schon in der späten Bronzezeit besiedelt.

Erstmals urkundlich erwähnt wird der Bussen im Jahr 805 – damals war bereits von einer Kirche die Rede. Zwei

Burgen haben auf dem Bussen gestanden, das alemannische Geschlecht der Bertholde, dem die zweite Gemahlin Karls des Großen, Hildegard, entstammte, soll hier Besitz gehabt haben. Im 12. Jahrhundert war der Bussen Mittelpunkt einer hochadeligen Herrschaft. Unter Rudolf von Habsburg zur lange Zeit uneinnehmbaren Feste ausgebaut, wurde die Herrschaft Bussen in den folgenden Jahrhunderten mehrmals verpfändet, unter anderem an die Truchsessen von Waldburg. Um 1590 war die vordere Burg schon Ruine, die östliche Hauptburg wurde 1633 – im Dreißigjährigen Krieg – von den Württembergern in Schutt und Asche gelegt. Nur der Stumpf eines aus Tuffstein gemauerten Bergfrieds erinnert den Besucher daran, daß früher an der Stelle der mittlerweile den Blick beherrschenden Wallfahrtskirche eine der beiden Burgen gestanden hat. Am Turm ist eine Gedenktafel für Michel Buck angebracht, den Oberamtsarzt in Ehingen und »Schwäbischen Forscher und Dichter«, gestiftet vom »Albverein, der Herrschaft Thurn und Taxis, der Stadt Ehingen und Freunden seiner Muße«.

Der geschichtsträchtige Berg ist zu einem Berg der Bräuche geworden: Das Funkenfeuer, das alljährlich am »Funkensonntag«, dem ersten Sonntag nach Fasnacht, auf dem Bussen entzündet wird, ist in halb Oberschwaben zu sehen. Berühmt ist die Marienwallfahrt auf den Bussen, die seit 1521 bezeugt ist. Das ursprüngliche Bild der Schmerzhaften Muttergottes soll bei einem Gutshof am Stamm einer Buche gelehnt haben und nach seiner Entdeckung in die Kirche auf den Bussen gebracht worden sein, berichtet die Sage. Bei einem Brand im Jahr 1584 wurde das Bild so stark beschädigt, daß es durch eine Kopie ersetzt werden mußte. Der früheste Beleg für die Verehrung des Marienbildes ist ein Gemälde von

1571, auf dem Truchseß Wilhelm von Waldburg, der damalige Herr des Bussen, samt Frau und Kindern vor dem mit Kleidern umhängten Marienbild kniend, zu sehen ist. Seit Jahrhunderten beten die wallfahrenden Frauen hier auf dem »heiligen Berg« um Kindersegen – aus diesem Grund auch die »Bussenkindle« (eßbare Wickelkinder und Puppen aller Art), die unten in Offingen am Kiosk verkauft werden. Die Gebete scheinen bis auf den heutigen Tag erhört zu werden, denn in der Kirche hängen zahlreiche Tafeln mit Aufschriften wie: »Wir danken der Schmerzensmutter für unser Kind Michael. Im März 1986.« Oder: »Wir danken für unseren Sohn Florian.« Oder einfach nur: »Maria hat geholfen.«

Natürlich ranken sich um einen Berg wie den Bussen auch Geschichten und Sagen, von denen die bekannteste und hartnäckig in verschiedenen Variationen wiederkehrende die vom Schatz im Bussen ist.

Nach ihr soll im Innern des Berges ein Schatz vergraben sein. Nur um Mitternacht dürfe man, falls man ihn tatsächlich heben wolle, durch den alten (Burg?-)Turm hinabsteigen (sofern man vorher ein Loch gegraben hat, das tief genug ist). In der Tiefe nun müsse der Schatzsucher drei schlimme Prüfungen über sich ergehen lassen, und erst wenn er diese bestanden habe, ohne die Flucht zu ergreifen, könne er den Schatz an sich nehmen. Die erste Prüfung sei, so heißt es, ein altes Weib an einem Spinnrad; an der Spindel der Spinnerin hänge ein Mühlstein, der den Schatzsucher zu erschlagen drohe. Wenn er diese Prüfung bestanden habe, erwarte ihn eine feuerspeiende Schlange, die den Schlüssel zur Schatztruhe im flammenumloderten Maul trage. Habe er die Schlange überwunden und den Schlüssel an sich gebracht, müsse er es mit einem feueräugigen bellenden schwarzen Pudel aufnehmen, den er, noch ehe die Glocke ein Uhr geschlagen habe, von der Schatztruhe vertreiben müsse. Wenn all das in dieser knappen Stunde bewerkstelligt sei, gehöre der Schatz dem Tapferen, der die drei Prüfungen bestanden habe ...

Der jüdische Friedhof von Buttenhausen

»Hier liegt Hajim Ben Abraham ha Levi, ein Mensch, der ein Künstler war, aufrecht und gläubig gestorben im Monat Ijar.« Oder: »Hier liegt eine liebe und angenehme Frau, Gutes getan in ihrem ganzen Leben, Juda Seventals Frau, am selben Tag wie ihr Mann begraben.« Oder: »Hier liegt eine bescheidene und aufrechte Frau, 100 Jahre alt geworden, gekrönt mit vielen guten Taten, Livnes Frau, gestorben im Monat Adar« – all dies sind Inschriften auf einem jüdischen Friedhof mitten im Württembergischen, in Buttenhausen auf der Schwäbischen Alb. Auf hebräisch sind diese Sätze in die Grabsteine gemeißelt – wer also keinen Übersetzer bei sich hat oder nicht bereits vorher der Geschichte der Juden von Buttenhausen nachgespürt hat, wird wenig damit anfangen können. Eines allerdings bleibt, ob mit oder ohne hebräische Sprachkenntnisse: Die Atmosphäre auf diesem einsamen Friedhof einer Bevölkerungsgruppe, die hier in Buttenhausen 150 Jahre lang gelebt hat, wird jeden einfangen, der den Weg bergauf zu dieser Stätte hoch über dem Dorf genommen hat. Gegenüber, auf der anderen Seite des Lautertals, sieht man den christlichen Friedhof auf gleicher

Höhe wie der jüdische. Dieses Hüben und Drüben, bei dem jeder den anderen immer im Blickfeld hatte, symbolisiert die Situation der ehemals christlich-jüdischen Gemeinde Buttenhausen im Lautertal. Im Jahr 1787 stellten der Ortsherr Freiherr Philipp Friederich von Liebenstein und seine Gemahlin Catherina Friederika den sogenannten »Judenschutzbrief« aus, der den Juden »verbindlich und unwiderruflich« gestattete, »solange in dem römischen Reich Juden geduldet werden«, in Buttenhausen leben zu dürfen. Kostenlose Grundstücke wurden ihnen zugewiesen, auf denen sie mit Billigung der Herrschaft Häuser bauen durften, ihre Sitten und Gebräuche, ihre Gesetze und ihre Religion sollten sie frei ausüben dürfen, eine Synagoge bauen, einen Friedhof anlegen, Handel treiben, eine Wirtschaft einrichten und vieles mehr. Dafür hatte jede Familie ein jährliches Schutzgeld von zwölf Gulden an die Herrschaft zu zahlen, doch sonst waren die Juden den christlichen Einwohnern gleichgestellt. Natürlich hatte der Freiherr mit diesem liberalen Judenschutzbrief auch eigene Vorteile im Auge: Einerseits trugen die Juden zur wirtschaftlichen Stärkung Buttenhausens bei, andererseits hatte er für seine Familie eine nicht zu unterschätzende Einnahmequelle geschaffen, die bald kräftig zu sprudeln begann. Bereits im Jahr 1801 zählte man neben den 226 christlichen Einwohnern Buttenhausens 140 Juden, 1827 schon 47 israelitische Hausbesitzer neben 42 christlichen, 1870 dann 442 israelitische Einwohner neben 392 christlichen ... 1941 gibt es noch 31 jüdische Mitbürger, danach gar keine mehr: Sie werden deportiert, im Vernichtungslager Auschwitz umgebracht. Wie gewaltsam die Nazis die Bindungen zerstörten, die über Generationen hin zwischen Juden und Christen gewachsen waren, mag die Beschreibung

der Geschehnisse in der sogenannten »Reichskristallnacht« 1938 belegen, als überall in Deutschland die Synagogen in Brand gesteckt und eingeäschert wurden. Auch die Buttenhausener Synagoge brannte, doch die örtliche Feuerwehr rückte aus und löschte die Flammen. Die Synagoge wurde darauf ein zweites Mal angezündet und die Feuerwehr diesmal von SA-Leuten mit Gewalt am Löschen gehindert. Der Buttenhausener Bürgermeister Hirrle stellte sich mit gezogener Pistole vor die Realschule, um zu verhindern, daß auch diese in Brand gesteckt wurde. Acht jüdische Mitbürger wurden ins KZ Dachau deportiert, doch auf Intervention des Bürgermeisters später wieder freigelassen. Die Zerstörung des jüdischen Friedhofs wurde von den Buttenhausener Bürgern ebenfalls verhindert. All dies belegt, wie eng der Kontakt zwischen Christen und Juden in Buttenhausen war – trotz der unterschiedlichen Religionen, trotz der verschiedenen Bräuche: Man respektierte sich gegenseitig, und nicht zuletzt profitierte man auch voneinander.

Das eindrucksvollste Zeugnis für dieses Miteinander ist die im Jahre 1904 eröffnete »Bernheimersche Realschule«, die Stiftung des reichen Juden Lehmann Bernheimer. Er war im Jahr 1841 in Buttenhausen geboren worden, kam dann zehn Jahre später auf die Realschule nach Stuttgart, wo er unter anderem Englisch und Französisch lernte. Er galt als ungemein begabt und geschäftstüchtig: Schon im Alter von 22 Jahren kaufte er in München eine konkursreife Stoffirma auf und stieg später als königlichbayerischer Hoflieferant zum Inhaber eines der bedeutendsten Kunsthäuser Europas auf. Seine Heimat Buttenhausen freilich hat er nie vergessen, und vielleicht hat ihn die Erinnerung daran, daß er schon als Zehnjähriger sein Elternhaus verlassen mußte, weil es in seinem Heimatort keine Realschule gab, zu seiner großzügigen Stiftung angeregt: Er stellte dem Dorf Buttenhausen außer einem im klassizistischen Stil erbauten Schulgebäude samt Lehrerwohnung auch einen Betrag von 110000 Reichsmark zur Verfügung. Von den Zinsen aus dieser reichen Spende sollten die laufenden Unterhaltskosten und das Gehalt des Realschullehrers bezahlt werden. Der Besuch der Schule war – für die damalige Zeit ungewöhnlich – kostenlos. Jüdische Kinder sollten hier genauso unterrichtet werden wie die Kinder der christlichen Einwohner, und genauso sah der Schulalltag aus, 18 Jahre lang, bis zur Inflation, die 1922 das Stiftungskapital über Nacht auffraß. Die Realschule mußte geschlossen werden.

Das Gebäude selbst ist erhalten geblieben und sticht noch heute durch seinen Baustil ins Auge, der so ganz anders ist als der der übrigen Häuser. Das harmonische Zusammenleben von Juden und Christen wurde im Dritten Reich gewaltsam beendet, kein einziger Jude lebt heute mehr in Buttenhausen, die Angehörigen und Nachkommen der ausgewanderten Familien sind in der ganzen Welt zerstreut. Würde sich nicht seit 1973 ein Mann intensiv um die Geschichte des ehemaligen »Judendorfs« Buttenhausen und um den jüdischen Friedhof kümmern – wer weiß, wie lange die Erinnerung an diese Zeit noch wachgehalten werden könnte: Walter Ott hat Grabstein für Grabstein wieder aufgestellt, von Moos und Flechten befreit und die Schriften nachgezogen, aus der Überzeugung heraus, daß die Zeit der jüdischen Gemeinde in Buttenhausen nie vergessen werden darf.

Hier oben auf dem Friedhof wird diese Zeit an den Grabmälern der Levi, Bernheimer, Löwenthal, Berlinger und wie sie alle hießen, wieder gegenwärtig. Die Reliefs sprechen vom Leben der hier Begrabenen: Ein Messer bedeutet, daß der Verstorbene Schächter war, ein aufgeschlagenes Buch deutet auf einen gelehrten Mann hin. Auf dem einen oder anderen Grab liegt ein kleiner Kalkstein, meist nicht einmal so groß wie ein Tennisball – was hat er zu bedeuten? Er sieht aus, als sei er eben auf dem Weg zum Friedhof hinauf aufgelesen worden, und so ist es auch. Der so unpassend erscheinende kleine Stein auf dem Grab bedeutet, daß der jüdische Friedhof von Buttenhausen nicht vergessen ist. Ein Besucher drückt damit nach jüdischer Sitte aus: »Ich bin hier gewesen.«

Der Friedhof
von Cleversulzbach

Cleversulzbach ist ein idyllisch gelegenes kleines Dorf in
der Nähe von Heilbronn, mittlerweile ein Gemeindeteil
von Neuenstadt. Und wäre da nicht die nahe Autobahn
mit ihrer Geräuschkulisse, wäre die Atmosphäre sicher
fast noch so wie zur Zeit des schwäbischen Dichters Eduard Mörike, der hier neun Jahre lang Pfarrer gewesen ist.
Besonders schön ist der kleine Friedhof am Ortsende, ein
richtiger Dorffriedhof halt. An der Friedhofsmauer nun
kommt das Außergewöhnliche, das Überraschende: Auf
einer Tafel neben dem Portal ist zu lesen: »Hier ruhen
vereint die Mütter der Dichter Friedrich Schiller und
Eduard Mörike.« Wie ist das zu erklären – daß die Mutter Mörikes hier bestattet wurde, ist zumindest nicht verwunderlich, aber Schillers Mutter? Tatsächlich, da steht
man auch schon vor einer kleinen Einfriedung mit zwei
Steinkreuzen. Auf das eine ist eingraviert: »Charlotte
Mörike«, auf dem anderen steht: »Schillers Mutter.«
Dann ist da noch ein Grabstein: »Elisabeth Dorothea
Schiller, geboren 13. 12. 1732, gestorben 29. 4. 1802;
Charlotte Dorothea Mörike, geboren 3. 6. 1771, gestor-
ben 26. 4. 1841.« Zu ihren Lebzeiten sind die beiden

Frauen einander nie begegnet, und nun ruhen sie gemeinsam hier auf dem Friedhof von Cleversulzbach, in dem Ort, in dem sie beide gestorben sind.

Zunächst zu Elisabeth Dorothea Schiller, der Mutter Friedrich Schillers: Ihre Tochter Luise hatte im Jahr 1799 den Pfarrer Johann Gottlieb Frankh geheiratet und mit ihm, dem 28. Pfarrer von Cleversulzbach, im dortigen Pfarrhaus gewohnt. In den Jahren 1800 und 1801 hat die Mutter, also Elisabeth Dorothea Schiller, ihre Tochter und den Schwiegersohn jeweils im Sommer für einige Wochen besucht, und es scheint ihr hier so gut gefallen zu haben, daß sie (vielleicht auch weil sie krank und pflegebedürftig geworden war) im Winter des Jahres 1802 ganz nach Cleversulzbach zog. Wenige Wochen später starb sie und wurde auf dem Friedhof begraben.

Anfang des Jahres 1805 wurde Pfarrer Frankh versetzt. Ein Cleversulzbacher Bürger erhielt den Auftrag, das Grab zu pflegen, doch scheint es im Lauf der Jahre verwahrlost zu sein. Als einer der Nachfolger Frankhs kam im Jahr 1834 Eduard Mörike nach Cleversulzbach: Es war nach langen Jahren des Vikariats (und des zwischenzeitlichen Ausstiegs aus dem Beruf des Geistlichen) seine erste selbständige Pfarrerstelle. Hier nun sah er das ungepflegte Grab und ließ es wieder herrichten. Eigenhändig hat er in das heute noch zu sehende Steinkreuz »Schillers Mutter« eingemeißelt. Er war sich der Bedeutung dieses Grabes bewußt und schrieb: »Eines Unsterblichen Mutter liegt hier bestattet, es richten Deutschlands Männer und Frauen eben den Marmor ihm auf.«

Versorgt wurde Mörike in Cleversulzbach von seiner Mutter Charlotte Dorothea und seiner Schwester Klara. Mörike, über den die Cleversulzbacher anscheinend nicht allzu glücklich waren (sie trauerten vor allem dann ihrem alten Pfarrer Frankh nach, wenn sich Mörike bei der Predigt wieder einmal von einem Vikar vertreten ließ, und ein guter Prediger war er sowieso nicht), schrieb hier immerhin seine romantische Schilderung des Pfarrerslebens auf dem Dorf in der Verserzählung »Der alte Turmhahn« und besuchte von hier aus, wenngleich nur selten, den Freund und Dichter Justinus Kerner im nahen Weinsberg.

Am 26. April 1841 starb seine Mutter: »Das ganz Unglaubliche ist nun geschehen. Unsere Mutter ist gestorben heut, kurze Zeit nach Mitternacht«, schreibt der zutiefst verstörte Mörike an einen alten Freund. Hier hat er sie begraben müssen, ein Grab direkt neben Schillers Mutter hat er ausgewählt, das gleiche Steinkreuz daraufgestellt mit der Inschrift »Charlotte Mörike«, und seitdem ruhen die Mütter zweier Dichter vereint auf dem Friedhof des Ortes Cleversulzbach. Eduard Mörike ist von hier, zwei Jahre später, im Alter von 39 Jahren weggezogen, nachdem er sich – mit Hinweis auf seinen schlechten Gesundheitszustand – hatte pensionieren lassen.

Der Einsiedel

Berühmt geworden ist der Einsiedel im Schönbuch in erster Linie wegen des mächtigen Weißdorns, der hier jahrhundertelang bewundert worden ist. Ludwig Uhland hat die Geschichte vom Grafen Eberhard im Bart (dem Gründer der Universität Tübingen und späteren ersten Herzog von Württemberg) in einem Gedicht festgehalten. Wie der Graf während seiner Reise nach Palästina eigenhändig einen Ableger schnitt: »Daselbst er einstmals ritt, / durch einen frischen Wald; / ein grünes Reis er schnitt, / von einem Weißdorn bald«, wie er das Reis dann erst an seinen Hut und dann später in die heimatliche Erde steckte und wie in den folgenden Jahren ein mächtiger Baum daraus wuchs, unter dem der greise Herr oft ausruhte und von den vergangenen Zeiten und den fernen Ländern träumte, die er besucht hatte. Dieses kleine Reis aus Palästina, das später zu dem mächtigen Weißdorn heranwuchs, hat mit dazu beigetragen, daß das 1482 erbaute Jagd- und Lustschloß des Grafen hierzulande unvergessen geblieben ist, obwohl es im Lauf der Jahre manches von seiner einstigen Bedeutung eingebüßt hat.

Mitten im Hof des Schlosses stand der »Hagdorn« vom Einsiedel, ein wirklich sehenswerter Baum muß er gewesen sein mit breiter, ausladender Krone. Die schweren Äste wurden ringsum von 16 steinernen Säulen gestützt, so daß der Baum fast das Aussehen eines kleinen Tempels hatte. Gepflanzt wurde der Weißdorn wohl nach dem Jahr 1468, also nach Eberhards Rückkehr aus dem Heiligen Land, und gut zweihundert Jahre dürfte er im Einsiedel gediehen sein: Er überlebte den Schloßbrand im Jahr 1619 und wohl auch den Dreißigjährigen Krieg. An seiner Stelle steht heute ein Weißdorn, der aus einem Ableger des alten, vom Grafen gepflanzten hervorgegangen sein soll. Allerdings müßte er eigentlich schon ein »Enkel« des gräflichen Hagdorns sein, aber das tut seinem Ruhm und der landläufigen Ansicht, daß es sich auf jeden Fall um einen Ableger des Eberhardschen Baumes handle, keinen Abbruch. Immerhin haben sich einige der Stützsäulen bis auf den heutigen Tag erhalten: Sie sind zu Füßen der im Innenhof des Schlosses stehenden Tische umfunktioniert worden.

Die Geschichte des Einsiedel ist jedoch nicht nur durch das einstige, früher von einem Wassergraben umgebene Jagd- und Lustschloß und das Anfang des 19. Jahrhunderts aufgegebene Gestüt mit dem Grafen Eberhard verbunden, sondern auch durch ein Stift, das der Graf hier im Jahr 1492, vier Jahre vor seinem Tod, gegründet hatte. Sicherlich an traditionsreicher Stätte – schon der Name Einsiedel deutet darauf hin, daß sich irgendwann im Mittelalter ein frommer Mönch hierher zurückgezogen haben muß, um in seiner Klause mitten im Wald ein Eremitendasein zu führen. Das Stift St. Peter im Schönbuch hat allerdings nur 45 Jahre bestanden, bis es im Jahr 1537 der Reformation zum Opfer fiel und aufgelöst wurde.

Dennoch war es während seines Bestehens nicht unbedeutend: Immerhin fühlte sich Graf Eberhard seiner Stiftung so verbunden, daß er sich in der Stiftskirche begraben ließ, eingehüllt in den blauen Mantel der Brüder von
St. Peter. Erst nach der Auflösung des Stifts wurden die
sterblichen Überreste des Gründers, der wenige Wochen
vor seinem Tod noch in den Herzogsstand erhoben worden war, auf Geheiß des Herzogs Ulrich – ausgerechnet
des Württembergers, der für die Klosterauflösung verantwortlich war – in die Tübinger Stiftskirche überführt,
wo noch heute sein Grabmal zu sehen ist.

Der Husarensprung bei Grafeneck

Es ist eigentlich nicht zu übersehen, das Schloß Grafeneck bei Gomadingen in der Nähe des Gestüts Marbach, wie es da aus dem Wald über dem Dolderbachtal auftaucht: das ehemalige Jagd- und Lustschloß des württembergischen Herzogs Carl Eugen, das während der Naziherrschaft eine so furchtbare Geschichte erfahren hat, als hier Tausende von gebrechlichen und psychisch kranken Menschen vergiftet und verbrannt wurden, und das heute, welch ein Kontrast, als Samariterstift eben der Pflege und Behandlung von alten und kranken Menschen dient. Wahrscheinlich wird der Blick des Betrachters vom Schloß so gefangengenommen, daß ihm ein viel kleineres geschichtliches Denkmal überhaupt nicht auffällt: der Gedenkstein für den Husarensprung von Grafeneck.

Mitten auf der Fronwiese guckt er ungefähr einen Meter hoch aus dem Gras, und man könnte ihn im Vorüberfahren für eine schlecht gemähte Stelle auf der Wiese halten. Beim Näherkommen aber entpuppt sich die vermeintlich schlecht gemähte Stelle als ein roter Sandsteinblock, in den ein Relief eingemeißelt ist, ein Soldat in Husaren-

uniform auf einem hochspringenden Pferd, darunter die Jahreszahl 1746. Wer es nicht weiß, könnte meinen, daß das alles sei, was vom »Grafenecker Husarensprung« übriggeblieben ist. Doch es gibt noch einen zweiten Stein, genau achteinhalb Meter vom ersten entfernt, allerdings nicht mehr in der einstigen Größe, sondern halb zerbrochen in der Wiese liegend und deshalb um so schwerer zu finden. Um nun die Geschichte vom Husarensprung zu erklären, müssen wir gut zweihundert Jahre zurückblenden, in die Zeit des Herzogs Carl Eugen, der dem alten Schloß weitgehend sein jetziges Aussehen gab und hier oben auf der rauhen Alb glanzvolle Feste mit seinem Hofstaat feierte. So heißt es in der Beschreibung des Oberamts Münsingen von 1825 über den Ausbau von Grafeneck: »Selbst ein Opernhaus fehlte nicht . . . Carl machte aus dem stillen Grafeneck ein vollkommenes Hoflager.« Alle Freuden des Lebens habe er hier zu vereinigen gesucht, sogar eine sündhaft teure Wasserleitung von Dottingen rund fünf Kilometer weit bis nach Grafeneck habe er legen lassen, heißt es in der Oberamtsbeschreibung, »die aber nur 3 Tage lang ihren Dienst tat und als zu kostspielig wieder aufgegeben wurde«. Da hatte er mit dem Ausbau der schon im 16. Jahrhundert errichteten Husarenkaserne auf der Fronwiese unterhalb des Schlosses schon mehr Glück und Freude, denn das Militär liebte der absolutistische Herrscher, der soviel für preußische Zucht und preußisches Militärwesen übrighatte, über alles.
Soweit also die geschichtlichen Voraussetzungen für die Erzählung vom Husarensprung. Was aber hat sich hier nun zwischen den beiden achteinhalb Meter voneinander entfernt auf der Wiese stehenden Steinen zugetragen? Einer der Husaren aus der Kaserne soll nach einem

wilden Ritt, von Verfolgern gejagt, kurz vor dem retten-
den Ziel, eben jener Husarenkaserne, so in Bedrängnis
geraten sein, daß ihn nur noch ein Sprung von besagter
Länge über den Dolderbach gerettet habe. Eine ordentli-
che Leistung für ein Pferd, eine stattliche Weite, die natürlich vom Volksmund im Lauf der Jahre wohl immer
noch ein bißchen erhöht worden sein muß, angenommen, die Geschichte vom verfolgten Husaren hat sich
tatsächlich zugetragen.

Als dann Herzog Carl Eugen von dem sagenhaften
Sprung hörte, ließ er am Originalschauplatz die beiden
Steine setzen, den einen an der mutmaßlichen Stelle des
Absprungs, den anderen achteinhalb Meter weiter am
Landeplatz des Husaren und seines Pferdes, versehen
mit der Inschrift, daß dies auf Befehl Seiner Durchlaucht
geschehen sei.

Was an dieser Geschichte wahr ist, dürfte schwer festzu-
stellen sein. Tatsache ist, daß an einer solchen Sage
durchaus etwas dran sein kann – zu irgendeiner Zeit
wird sicherlich irgendein Soldat hier zu einem wohl recht
weiten Sprung angesetzt haben. Warum aber hier ein solcher Achteinhalb-Meter-Satz? Zwischen den Steinen er-
streckt sich heute nur Wiesengelände. Auch diese Frage
kann beantwortet werden: Der Mann hat seinem Pferd
diese Höchstleistung eben nicht beim Galopp über die
Wiese abverlangt, sondern beim Sprung über den Dolderbach, der bis zum Ende des 19. Jahrhunderts tatsächlich zwischen den beiden Steinen hindurchfloß und erst
anläßlich des Baus der Bahnstrecke Honau–Münsingen
in sein jetziges Bett verlegt wurde. Und so gibt es also
doch eine sinnvolle Erklärung dafür, weshalb sich der
Sprung hier zugetragen haben soll: Der Husar hat sich
mit dem Sprung über den Bach in Sicherheit gebracht.

Zwar war dieser nie und nimmer achteinhalb Meter breit, doch kann es ja durchaus sein, daß die Ufer auf beiden Seiten feucht und sumpfig waren, so daß er schon ein gutes Stück vor dem Bach mit dem Pferd zum Sprung ansetzen mußte, zu einem so mächtigen Sprung, daß sich die Zeugen immer wieder darüber wunderten und die Begebenheit weitererzählten. Sie ging von Mund zu Mund, bis jeder die Geschichte vom Husarensprung kannte, dem der Herzog dann mit den beiden Steinen ein Denkmal setzte.

Gruorn

Das Dorf liegt fast 800 Meter hoch auf der hier besonders rauhen Alb in der Nähe von Münsingen, umgeben
von kahlen Bergkuppen, um die der kalte Wind pfeift.
Weiße Kalksteinstraßen ziehen sich durch die Landschaft, der karge Boden ringsum ist nicht bearbeitet, die
Häuser sind zusammengefallen, baufällig, zerstört, die
Fassaden mit Einschußlöchern übersät, das Dorf ist verlassen, leer, ausgestorben. Nur der Kirchturm inmitten
des Friedhofs steht wie eine Art letzte Zufluchtsstätte in
der Einsamkeit, samt seiner Kirche mit den bemerkens-
werten Wand- und Deckenmalereien, doch auch hier ist
kein Mensch zu finden. Ringsum herrscht Stille, nur gelegentlich aus der Ferne Donnergrollen, Schüsse, Ras-
seln von Panzerketten, Flugzeuge: Das ist Gruorn, das
»Geisterdorf« auf der Schwäbischen Alb.
Im Jahr 1938 mußten sie ihr Dorf verlassen, die Bewohner von Gruorn, deren Familien hier seit Menschenge-
denken die steinigen Äcker bearbeitet hatten, die hier geboren waren, deren Mütter und Väter hier begraben wurden. Keiner durfte zurückbleiben, alles konnten sie mit-
nehmen, nur nicht ihre Häuser und ihre Heimat, als das

Dorf Gruorn der Erweiterung des Truppenübungsplatzes Münsingen weichen mußte. Das Oberkommando der Wehrmacht hatte beschlossen: Man brauchte mehr Platz, um für den kommenden Krieg zu üben, und hier in der weiten, dünn besiedelten Landschaft um Münsingen war der Platz gefunden. Die 665 Einwohner von Gruorn mußten gehen. Der junge Pfarrer Fritz Mack hielt am Karfreitag 1938 das letzte Abendmahl in der Gruorner Kirche. Nur noch wenige Bürger waren zurückgeblieben, die meisten bereits weggezogen, in alle Himmelsrichtungen zerstreut. Es waren, wie er beschreibt, erschütternde, unvergeßliche Augenblicke in der Kirche, als das kleine Häuflein der Dagebliebenen der Leidensgeschichte Jesu lauschte, als keiner von ihnen danach die Kirche verließ, sondern alle noch ein letztes Mal am Altar ihrer Kirche das Abendmahl empfingen, als sie dann mit Tränen in den Augen wieder in ihre Häuser zurückgingen, aus denen sie nun wegziehen würden, als dann die letzten ihr Dorf verließen, die Kirche, den Friedhof, mit den Gräbern der Angehörigen. Doch vergessen haben sie ihre alte Heimat nie: Vielleicht sind sie gerade durch diesen erzwungenen Wegzug aus dem Dorf, ohne sich zunächst regelmäßig getroffen zu haben, zu einer Gemeinschaft geworden, und heute verbindet sie der Name Gruorn. Tausende von Arbeitsstunden haben sie geleistet, um lange nach dem Zweiten Weltkrieg wenigstens die Kirche ihres alten Dorfes noch in die Nachwelt hinüberzuretten, wenn schon die Häuser ringsum allmählich zusammenfielen und zerstört wurden.

Der Truppenübungsplatz steht seit Ende des Krieges unter französischer Hoheit, so daß bei allem, was die Gruorner für ihr Dorf unternehmen wollten, zunächst die Franzosen gefragt werden mußten. Im Jahr 1968 trafen sich an Pfingsten die ehemaligen Einwohner von Gruorn in ihrer alten Heimat, und damals wurde die Idee geboren, doch wenigstens die alte Kirche und den Friedhof vor dem völligen Zerfall zu bewahren. Das war natürlich leichter gesagt als getan, doch mit einer ungeheuren Energie und Zähigkeit schafften es die Gruorner tatsächlich, außer der Genehmigung zur baulichen Wiederherstellung der Stephanuskirche auch Zuschüsse zu erhalten, Spenden und Unterstützung von staatlichen Stellen. Das »Komitee zur Erhaltung der Kirche in Gruorn« hat mit seinen 130 Mitgliedern in jahrelanger Arbeit das fast Unmögliche fertiggebracht: An Pfingsten 1973 konnte im letzten Denkmal des ehemaligen Dorfes, in der wiederhergestellten Kirche, der Gottesdienst gefeiert werden. Die Gruorner hatten nun wenigstens wieder einen Platz, an dem sie sich inmitten aller Zerstörung treffen konnten, einmal im Jahr, immer an Pfingsten. Und so ist es geblieben: An den Pfingstfeiertagen wird das gesperrte Dorf auf dem Truppenübungsplatz lebendig, dann erhalten die Besucher die (stets widerrufliche) Erlaubnis, ins Sperrgebiet zu fahren. Dann treffen sich hier Tausende von Menschen, ehemalige Bürger aus Gruorn, Familienangehörige, Nachkommen und immer mehr auch Neugierige. Wo das Jahr über der militärische Ernstfall geprobt wird, herrscht an Pfingsten eine kaum zu beschreibende, friedliche Stimmung. Dennoch liegt auch etwas Bedrückendes über dem Dorf, wo sich die Menschen wiedersehen, die vor Jahrzehnten unfreiwillig gehen mußten.

Das Häuflein der Ehemaligen wird von Jahr zu Jahr kleiner, immer mehr sind krank und können nicht kommen oder sind in der Zwischenzeit gestorben – es ist erschütternd, wenn sie sich sehen, wiedererkennen und begrüßen, meist an den Gräbern, wenn sie die alten Erinnerungen austauschen, wenn sie das Haus suchen, in dem sie geboren wurden, wenn sie auf den alten Freund warten, der in diesem Jahr dann doch nicht mehr kommt, wenn sie wieder Abschied nehmen von dem Dorf, das dennoch das ihre geblieben ist, auch wenn sie schon viel länger in einer anderen Gemeinde wohnen. Wenn der eine oder andere dann den Wunsch ausspricht, hier bei den Eltern begraben zu werden, obwohl er weiß, daß dieser Wunsch nie in Erfüllung gehen wird, wenn am Abend die Stimmen leiser werden und die Leute nach Hause gehen. Wenn sich wieder die Stille über Gruorn legt, unterbrochen von Schüssen und Kettengerassel.

Das Kloster Heiligenbronn

In der Nähe von Schramberg liegt auf einer Hochebene das Kloster Heiligenbronn. Um dieses Kloster mit seiner Kirche aus rotem Sandstein ist in den letzten hundert Jahren ein Ort gewachsen, ebenfalls mit Namen Heiligenbronn. Blinde und gehörlose Kinder und Jugendliche werden hier im Kloster betreut, im Kindergarten, in Schulen, in einem angeschlossenen Internat und in beschützenden Werkstätten – all das bewältigen die 160 Schwestern vom Franziskanerinnenorden.

Der Besucher sollte unbedingt die Wallfahrtskirche, den Ursprung und Mittelpunkt des Klosters, anschauen. Dort ist über dem Altar in der Seitenkapelle das bekannte Gnadenbild zu sehen: die aus Holz geschnitzte Pieta vom Jahr 1442, ein ungemein ausdrucksstarkes Bild der Muttergottes, die ihren gekreuzigten Sohn in den Armen hält. Um diese Plastik oder vielmehr ihre vermutete Vorgängerin rankt sich eine Erzählung, nach der sich irgendwann im Mittelalter hier auf einer Wiese Wunder zugetragen haben sollen. Ein alter Hirte habe seine kranken Füße in das Wasser der hier entspringenden Quelle getaucht, und anschließend sei er geheilt gewesen. Eine blinde Frau habe sich die Augen mit dem Wasser der Quelle gewaschen und sei wieder sehend geworden. In der wundertätigen kleinen Quelle habe man schließlich das Bild der Muttergottes gefunden. Kein Wunder, daß an diesem heiligen Brunnen (daher der Name Heiligenbronn) bald eine Wallfahrtskirche gebaut wurde. Wo das erste Bild der Muttergottes geblieben ist, weiß man nicht, es heißt nur, daß man es nach seiner Entdeckung in der Quelle zur Kirche gebracht habe, daß es aber von Engeln immer wieder an seinen alten Platz am Wasser zurückgebracht worden sei. Im Jahr 1442 wurde das erwähnte, damals neue Bild der Schmerzensreichen Muttergottes in der Seitenkapelle aufgestellt, die genau über der wundertätigen Quelle erbaut worden ist.

Im Untergeschoß der Kapelle sprudelt nach wie vor die Quelle, von der man oft befürchtete, sie könne versiegen. Auch heute noch pilgern viele Kranke hierher und beten um Genesung. Allein die Lektüre der Tafeln, der Gebete und Bitten, die an den Wänden um die Quelle aufgehängt sind, ist ein Erlebnis, das man nicht so schnell vergißt.

Vor diesem Hintergrund ist es nicht verwunderlich, daß gerade hier ein Kloster entstand, das sich blinder und gehörloser Menschen angenommen hat. David Fuchs, der erste Vikar von Heiligenbronn, nahm Mitte des 19. Jahrhunderts die ersten Kinder in sein Haus auf. Schon kurze Zeit später, im Jahr 1857, gründete er das Kloster, das in den folgenden Jahren laufend umgebaut und vergrößert wurde. Und hier am Ort der wundertätigen Quelle vollbringen die Schwestern das eigentliche Wunder: nämlich die Erziehung der blinden und gehörlosen Kinder, die von ihren Eltern oft ohne jede Hoffnung auf eine Zukunftsperspektive hierhergebracht werden. Wer dann aber sieht, wozu diese Kinder nach dem gezielt ausgerichteten Unterricht in Kindergarten und Schule fähig sind, wer sich erzählen läßt, wie viele dieser einst auf den ersten Blick so »hoffnungslosen Fälle« später das Abitur machen und sogar studieren, der versteht die Schwestern, die immer wieder betonen, daß ihnen dieses »Wunder« viel wichtiger sei als die Quelle unten in der Kirche.

Das Hemmendorfer Grabmal

Er war zu Gast bei der englischen Königin Elisabeth I.,
tafelte mit ihrem berühmten Piraten und Seehelden Sir
Francis Drake, er wurde vom polnischen König genauso
empfangen wie vom schwedischen König, er kannte den
dänischen Astronomen Tycho Brahe, bereiste Nordeuro-
pa wie Südeuropa, und als er im Alter von 53 Jahren
starb, schufen ihm seine Zeitgenossen ein ungewöhnlich
plastisches Grabmahl, auf dem der am 20. Februar 1605
entschlafene Herr Augustin Freiherr von Moersberg und
Belfort, Komtur von Hemmendorf, so lebendig er-
scheint, als wolle er im nächsten Augenblick einen
Schritt nach vorn tun und den Besucher, der ihn da stau-
nend betrachtet, begrüßen. Ein, um es vornehm auszu-
drücken, nicht ganz unbeleibter Herr scheint er gewesen
zu sein, der Komtur Augustin von Moersberg, dessen
ritterliche Erscheinung in der Kirche von Hemmendorf
zu bewundern ist. Auf jeden Fall war er ein – in doppel-
tem Sinne – gewichtiger Herr in einer Zeit, die heute
kaum noch präsent ist. Denn wer weiß schon, daß der
Ort Hemmendorf bei Rottenburg mit seinen rund 700
Einwohnern früher einmal ein selbständiger kleiner Staat

gewesen ist, mit einer eigenen Verfassung und mit einem Parlament, das einmal jährlich zusammentrat?

Wer, von Bodelshausen kommend, durch den Ort fährt, dem fällt allerdings sofort das herrschaftliche Haus auf, das neben der Kirche steht, die ebenfalls so gar nicht zu einem so kleinen Dorf zu passen scheint. Doch Hemmendorf war bis 1806 Sitz einer Kommende des Johanniterordens, und zwar schon seit dem Jahr 1258. Der Orden, dessen letzter Hauptsitz ab 1530 Malta war – deshalb auch die Bezeichnung Malteserorden –, hatte sich in Hemmendorf großen Landbesitz zusammengekauft, unter anderem über 1000 Morgen Wald, und besaß bald die gesamten kirchlichen und grundherrlichen Rechte über den Ort und dessen Umland. Auch das Recht der hohen Gerichtsbarkeit übten die Hemmendorfer Johanniterkomture aus: Am alten Rathaus war als sichtbares Zeichen dieses Rechts früher ein Pranger angebracht, an dem verurteilte Missetäter und oft genug auch nur aufsässige Bauern, die immer mal wieder gegen die Allgewalt des ehrenwerten Ritterordens aufgemuckt hatten, angekettet wurden. Andererseits war Hemmendorf in den Jahrhunderten der Johanniterherrschaft auch ein beliebter Flucht- und Asylort für Verfolgte aus anderen Teilen des Reiches: Denn wer die Hemmendorfer Herrschaftsgrenzen erreicht und überquert hatte, durfte von seinen Verfolgern nicht mehr dingfest gemacht werden, es sei denn, der Komtur höchstpersönlich hätte die Bitte um Asyl abgelehnt.

Auf Schritt und Tritt begegnet dem Besucher in der Kirche und am angebauten, spätbarocken Ordenshaus die Geschichte der Malteser, sei es im Malteserkreuz, das natürlich im Ortswappen wiederzufinden ist, sei es in Inschriften wie über dem Portal des ehemaligen Ordenshauses: »Karl, Reichsgraf Fugger von und zu Kirchberg und Weißenhorn des souveränen Ordens zu Malta Ritter, regierender Komtur zu Hemmendorf und Rexingen, Administrator zu Frankfurt, hat dieses Gebäude von Grund neu erbaut in den Jahren 1790 bis 1791.« Es ist schon erstaunlich, ausgerechnet in Hemmendorf, das heute Stadtteil von Rottenburg ist, auf diese Spuren einer eigenständigen, selbstbewußten Geschichte zu stoßen, eines Kleinstaates, der Kontakt hielt mit der ganzen damals bekannten Welt.

Die Heuneburg an der oberen Donau

Er muß einer der mächtigsten Männer seiner Zeit im Gebiet des heutigen Südwestdeutschland gewesen sein, der Keltenfürst auf der Heuneburg bei Hundersingen an der oberen Donau. Er trank Wein aus dem Mittelmeerraum, vorzugsweise aus griechischen Gefäßen, er trug Gewänder aus golddurchwirktem Brokat, er schmückte sich mit goldenen Halsketten, besaß prächtig verzierte Waffen aus Eisen und Bronze und zeigte sich bei besonderen Anlässen seinem Volk auf einem Prunkwagen. Er residierte auf einer uneinnehmbaren Burg, deren Bau er vermutlich selbst in Auftrag gegeben hatte, er unterhielt Handelsbeziehungen zu den Griechen, pflegte Kontakte zu den Etruskern und dehnte seine Geschäfte bis nach Spanien aus. Wo er begraben liegt, wissen wir nicht, wir kennen jedoch das Grab, in dem einer seiner Vorgänger oder vielleicht sogar Vorfahren bestattet worden ist: den unweit der Heuneburg gelegenen Grabhügel Hohmichele. Dieses Monument für einen keltischen Fürsten ist einer der größten Grabhügel Mitteleuropas, 14 Meter hoch und dementsprechend gewaltig anzusehen. Wenn nun schon diesem Vorfahr aus einer Zeit, als der Keltensitz an der oberen Donau noch nicht zur vollen Macht und Bedeutung gelangt war, ein derartiges Grabmal aufgeschüttet worden ist, können wir unschwer daraus ableiten, welchen Einfluß dann erst der oben beschriebene Keltenfürst gehabt haben muß. Zwar ist die Grabkammer im Hohmichele schon im Altertum ausgeraubt worden, doch die Ausstattung des – in mancher Hinsicht vergleichbaren – keltischen Fürstengrabs von Hochdorf, die 1978/79 geborgen und 1985 in einer großen Ausstellung gezeigt wurde, vermittelt eine Vorstellung von dem, was das Grab des im Hohmichele bestatteten Fürsten einmal enthalten haben muß.

Von der im 6. Jahrhundert auf der Heuneburg erbauten Befestigungsanlage haben wir ein ziemlich genaues Bild. Die Burg über der Donau mit dem weiten Blick ins Oberland war praktisch unbezwingbar: auf drei Seiten der Abhang zur Donau hinunter, ringsum eine mächtige, drei Meter breite Mauer aus luftgetrockneten Ziegeln, wie man sie aus dem Mittelmeerraum kennt. Sie war wohl bis zu fünf Meter hoch, gekrönt von einem hölzernen Wehrgang, der möglicherweise bedacht war, um die Mauer vor Witterungseinflüssen zu schützen. Mindestens zehn Wachtürme sind archäologisch nachgewiesen. An dieser Befestigung hat sich hundert Jahre lang jeder Angreifer – sofern eine Belagerung überhaupt gewagt wurde – die Zähne ausgebissen. Erst um 500 v. Chr. ist diese Burg über der Donau, die strategisch so günstig an einer der hier zahlreichen Furten durch den Fluß an wichtigen Handelsstraßen lag, durch Brand – vielleicht im Verlauf einer Belagerung – zerstört worden.

Einige Jahrzehnte später wurde die wieder aufgebaute Burg ebenfalls in Schutt und Asche gelegt, und dann dauerte es fast tausend Jahre, bis die neuen Herren, die

Franken, diesen strategisch wichtigen Platz erneut befestigten und ausbauten. Erst im Hochmittelalter verlor die geschichtsträchtige Stätte ihre Bedeutung und wurde fortan als Ackerland genutzt.

Während der Hohmichele schon 1937/38 von Gustav Riek ausgegraben wurde, der zu seiner Enttäuschung die Grabkammer leer fand – eine Nachbestattung war dagegen unberührt geblieben –, begann die wissenschaftliche Erforschung der Heuneburg erst nach dem Zweiten Weltkrieg. Wie ergiebig dieser keltische Fürstensitz an der oberen Donau für die Archäologen gewesen ist, zeigt die Tatsache, daß hier ab 1950 über dreißig Jahre geforscht und gegraben wurde. Der Innenraum der im Mittelalter planierten Burg ist von Dutzenden von Archäologen und zahlreichen Fachstudenten aus dem In- und Ausland millimeterweise abgetragen und analysiert worden, die in dieser Anlage einen Mosaikstein nach dem anderen über das Leben der keltischen Bewohner dieser Landschaft nach Jahrtausenden wieder ans Licht geholt haben.

Der Besucher sollte nach Möglichkeit am frühen Morgen, wenn von der Donauniederung die Nebel heraufziehen, oder am späten Nachmittag kurz vor dem dort oben besonders eindrucksvollen Sonnenuntergang zum Heuneburgplateau hinaufsteigen. Und er sollte auch das Heuneburgmuseum im nahen Hundersingen besuchen, um sich dort selbst ein Bild vom Leben der Kelten an der oberen Donau zu machen.

Der Hohenstaufen

Ludwig Uhland hat ihn als »aller schwäb'schen Berge schönster« bezeichnet, den 684 Meter hohen Hohenstaufen über dem gleichnamigen Ort im Kreis Göppingen. Ob der Berg, der so weithin sichtbar die Landschaft des Albvorlandes beherrscht, wirklich der schönste schwäbische Berg ist, wollen wir nicht entscheiden. Sicher aber ist er einer der geschichtsträchtigsten, einer der bedeutendsten Berge Schwabens, denn er ist die Wiege der Staufer, eines der größten mittelalterlichen Adelsgeschlechter überhaupt.

Um 1070 ließ Graf Friedrich von Büren hier einen seiner Würde angemessenen Wohnsitz für sich und sein Geschlecht errichten, ganz dem Zug der damaligen Zeit folgend, sich als Adliger auf der Höhe anzusiedeln, weit über den Köpfen der Untertanen. Dieser Friedrich, den man als den Stammvater der Staufer bezeichnen kann, denn mit ihm beginnt der Aufstieg dieser Familie, war ein treuer Parteigänger Kaiser Heinrichs IV., der ihm zum Dank für die erwiesene Treue im Jahr 1079 seine Tochter Agnes zur Frau gab und ihn darüber hinaus mit dem Herzogtum Schwaben belehnte. Als im Jahre 1125 mit dem kinderlosen Kaiser Heinrich V., dem Bruder der Herzogin Agnes, der letzte Salierkaiser starb, wurden die beiden Neffen, Agnes' Söhne, zu seinen Erben eingesetzt: Friedrich II. und Konrad. Zwar wurden die beiden bei der Königswahl von Lothar von Sachsen »ausgetrickst«, wie man heute sagen würde, doch nach langen Auseinandersetzungen und vielen Kämpfen erhielt Konrad 1138 die Königswürde. Mit seinem zwei Jahre älteren Bruder, Herzog Friedrich II. von Schwaben, verband ihn zeitlebens ein für damalige Zeiten erstaunlich herzliches Verhältnis – immerhin ging es nahezu ausnahmslos um Machtpolitik. Der Sohn dieses Herzogs sollte als einer der ruhmreichsten deutschen Kaiser in die Geschichte eingehen: Friedrich I., genannt Barbarossa, 1152 zum König gewählt und 1155 in Rom zum Kaiser gekrönt, scheint sich auf der Burg seiner Väter allerdings nur selten aufgehalten zu haben. Nur ein einziger Besuch – 1188 – auf dem Hohenstaufen ist urkundlich verbürgt. Sein Enkel, der Stauferkaiser Friedrich II., aufgewachsen in Palermo, kannte die Burg ohnehin nur vom Hörensagen, wie die Staufer ganz allgemein wohl Wichtigeres zu tun hatten, als ihren Hohenstaufen zu besuchen. Andererseits aber waren sie sich der Tradition dieser Stätte wohl bewußt: So ließ Friedrich Barbarossa vier seiner Kinder im nahe gelegenen Kloster Lorch, der traditionellen Grablege der Staufer, begraben. Die letzte Stauferin, die dort bestattet wurde, war Königin Irene, eine Tochter des Kaisers von Byzanz und Gemahlin des 1198 zum deutschen König gewählten Philipp von Schwaben, die kurz nach der Ermordung ihres Mannes im Jahr 1208 auf dem Hohenstaufen an den Folgen einer Frühgeburt gestorben war.

Auch nach dem Aussterben der Staufer – Konradin, der

letzte seines Geschlechts, wurde 1268 im Alter von 16 Jahren in Neapel hingerichtet – blieb der Hohenstaufen ein Symbol. König Rudolf von Habsburg hat ihn sicher nicht nur wegen seiner strategischen Bedeutung und der zu ihm gehörenden Besitzungen als Reichsgut vereinnahmt, er hat die Burg der Stauferkaiser im Jahre 1288 auch selbst besucht. Für die Grafen von Württemberg scheint der Hohenstaufen ebenfalls mehr gewesen zu sein als der bloße Besitz. Und dieses Gefühl, auf geschichtsträchtigem Boden zu stehen, empfindet man auch heute noch. Man muß es ja nicht gleich übertreiben, wie patriotisch-überzogene Parolen im 19. Jahrhundert forderten, daß eine Wallfahrt auf den Hohenstaufen für jeden Deutschen zur gesetzlichen Pflicht werden sollte, oder wie diejenigen, die hier nach dem Vorbild der Walhalla bei Regensburg ein nationales Denkmal errichten wollten, woraus glücklicherweise nie etwas geworden ist.

Doch wer heute auf dem Zickzackweg den Hohenstaufen hochwandert, empfindet fast so etwas wie Trauer, wenn sich dieser Kaiserberg in den Trümmern einstiger Größe zeigt: Seit der Zerstörung der Burg im Bauernkrieg 1525 ist die Anlage Ruine. Man hat natürlich die Reste in der Zwischenzeit gesichert, doch viel ist nicht mehr zu sehen von dieser früher so mächtigen Burg. Einige Mauern, maximal drei Meter hoch (versehen mit dem dezenten Hinweis: »Betreten der Mauern nicht gestattet«), ein noch knapp zehn Meter hoher Turmstumpf, dann, schlimmerweise, eine Schutz»hütte« aus Beton und viele große alte Bäume, die hier oben vom Wind umweht werden.

Ganz oben auf dem höchsten Punkt des Hohenstaufen aber wird es dann doch noch ein bißchen geschichtlich: Da ist neben einem mächtigen Baum ein bescheideneres

Exemplar mit einer Tafel zu sehen: »Gepflanzt am 29. Oktober 1968 zum 700. Todestag des letzten Staufers Konradin.« Vielleicht paßt diese Tafel mit dem Hinweis auf den letzten Staufer inmitten der längst zerstörten Burg besonders gut zur Atmosphäre auf dem Hohenstaufen, in der man unwillkürlich über historische Größe nachzudenken beginnt.

Der Hungerbrunnen

Man sieht ihn manchmal, dann sieht man ihn wieder jahrelang nicht, doch wenn man ihn sieht, ist er jedesmal aufs neue Gesprächsthema Nummer eins in der ganzen Gegend und oft noch darüber hinaus. Die Leute runzeln besorgt die Stirn, auch wenn sie gleich darauf beteuern, sie glaubten natürlich nicht im Traum an diese Legende ... Die Rede ist vom Hungerbrunnen zwischen Altheim und Heuchlingen auf der Schwäbischen Alb. Obwohl es auf der Alb genaugenommen Dutzende von solchen Hungerbrunnen gibt, gilt dieser als *der* Hungerbrunnen schlechthin. Der Glaube an ihn hat allerdings auch eine sehr lange Tradition. Schon als unsere Vorfahren – von den Römern als »Germanen« bezeichnet und gefürchtet – noch in den Wäldern umherstrichen, sollen sich die Menschen hier im Frühjahr versammelt und mit einem kultischen Tanzfest das allmähliche Erwachen der Natur gefeiert haben. Warum ausgerechnet hier, in einem abgelegenen kleinen Tal in einer so rauhen und kargen Gegend? Eben wegen dieses Hungerbrunnens, der jahrelang nicht zu sehen ist und dann, irgendwann an einem mehr oder weniger schönen Frühlingstag, plötzlich als kleine Quelle wieder zu sprudeln beginnt. Unerklärlich war unseren Vorfahren dieses Phänomen, und wie so oft, wenn etwas mit dem normalen Menschenverstand nicht erklärt werden konnte, wurde die Stätte kurzerhand heilig gemacht, so heilig, daß hier sogar Verfolgte, auch Verbrecher, Asyl gefunden haben sollen. Die Anziehungskraft der unregelmäßig sprudelnden Quelle hat über die Jahrhunderte hin nicht nachgelassen: Im 18. Jahrhundert etablierte sich im Hungerbrunnental der sogenannte Brezgenmarkt, der mittlerweile ein regelrechter Krämermarkt geworden ist und immer noch, wie früher, am Palmsonntag stattfindet, also im Frühjahr, wenn die Chance am größten ist, daß der Hungerbrunnen wieder einmal den Betrieb aufnimmt.

Und damit wären wir auch schon bei der Entschleierung des Hungerbrunnen-Geheimnisses, warum er in manchen Jahren fließt und in anderen Jahren nicht: Das Frühjahr hat etwas damit zu tun, die Zeit nach der Schneeschmelze, in der sich die unterirdischen Hohlräume im Karstgestein der Schwäbischen Alb mit Wasser füllen. Je stärker die Schneeschmelze und je stärker es womöglich noch regnet, desto höher steigt der unterirdische Wasserspiegel, bis er eines schönen Tages überläuft wie eine volle Badewanne und das Wasser nach draußen schwappt. In manchen Jahren nun gibt es im Winter wenig Schnee und im Frühjahr obendrein wenig Regen, in anderen Jahren dagegen mehr – je nachdem also läuft die Badewanne über, und unser Hungerbrunnen zeigt sich, oder er tut es nicht. Das ist die ganz und gar unromantische Erklärung für ein Phänomen, das noch immer Gesprächsstoff bietet. Wie bereits erwähnt, gibt es mehr als nur diesen einen Hungerbrunnen auf der Alb, doch dieser ist der berühmteste, erstmals urkundlich genannt wurde er immerhin schon im Jahr 1236. Kein Wunder, daß sich im Lauf der Zeit hier auch die Legende entwikkeln konnte, daß es, immer wenn der Hungerbrunnen zu fließen beginne, im selben Jahr noch Krieg gebe. Die Geschichte der Menschheit ist ja leider auch eine Geschichte der Kriege. Doch es gibt genug Quellen, die behaupten, der Hungerbrunnen habe in den Jahren 1870 (Ausbruch des Deutsch-Französischen Kriegs), 1914 (Ausbruch des Ersten Weltkriegs) und 1939 (Ausbruch des Zweiten Weltkriegs) Wasser geführt, dann wieder 1982 (da kam es immerhin zum militärischen Konflikt zwischen Großbritannien und Argentinien um die Falklandinseln, der die Welt in Atem hielt). Von einem anderen Hungerbrunnen werden ähnliche Daten genannt, nur hat sich der schon 1913 gezeigt, war also dem Ausbruch des Ersten Weltkriegs um ein Jahr voraus.

Aber all das sind die berühmten Mosaiksteinchen, aus denen sich Legenden bilden, so auch die Legende vom bevorstehenden Krieg, wenn's Brünnlein fließt ... Und was vermögen da alle wissenschaftlichen Erklärungen vom Karstgestein und alle Hinweise darauf, daß man auch schon Wasser in der Quelle sah und dann doch kein Krieg ausbrach? Irgendwo auf der Welt herrscht immer Krieg, und diese traurige Tatsache gibt dem Volksglauben letzten Endes doch seine Berechtigung.

Das Faustmuseum
in Knittlingen

Die Knittlinger reagieren fast schon allergisch auf die immer wieder diskutierte Frage: Ist er nun hier geboren worden oder nicht, der Doktor Faustus, der berühmteste deutsche Alchimist? Sie helfen sich mittlerweile mit der Feststellung, das zu diskutieren sei doch eigentlich müßig: Erstens sei er tatsächlich hier geboren worden, der Doktor Faust, Vorname Johann Georg, und zweitens gebe es außer der Erwähnung von Philipp Melanchthon, daß Faust in Knittlingen geboren sei, schließlich noch den Fund in jenem Haus, das als Geburtshaus von Johann Georg Faust gilt: Dort wurde ein merkwürdiger sechseckiger Wandschrank entdeckt, darin ein Rezeptzettel, außerdem – und das ist wohl das bedeutendste Fundstück zur Erhärtung der These, daß Faust eben doch in Knittlingen geboren wurde – ein kleiner Zettel in einem Lederbeutelchen, das im Astloch einer Türschwelle verborgen war. Auf dem Zettel ist mit Tinte eine merkwürdige Formel festgehalten, die als Abwehrzauber bereits aus vorchristlicher Zeit bekannte Sator-Arepo-Zauberformel, ein magisches Buchstabenquadrat. Vielleicht sollte diese Formel neugierige Blicke von zwei weiteren

Formeln fernhalten, deren Sinn nicht ganz geklärt ist, die aber vermutlich etwas mit den Versuchen der Alchimisten zu tun haben dürften, aus einem bestimmten Stoff Gold herzustellen. Wenn das kein Beweis ist, ein solcher Fund in einem Haus, das ohnehin dem Doktor Faust zugeschrieben wird?

Gelebt haben dürfte Faust von etwa 1480 bis um 1540, und da es in Knittlingen schon vor dem Jahr 1500 eine Lateinschule gab, wird er hier wohl auch Unterricht genossen haben. Im benachbarten Kloster Maulbronn, einem selten gut erhaltenen mittelalterlichen Zisterzienserkloster, soll Faust zusammen mit dem Abt Entenfaß versucht haben, Gold zu machen. Im Jahr 1516, so heißt es, sei er einem Ruf des Abtes, den die Schuldenlast des Klosters drückte, gefolgt und habe im sogenannten »Faustturm« seine Experimente angestellt, ohne Erfolg freilich. Daß dieser Magier und Alchimist seine Künste an vielen Orten Mitteleuropas betrieb, zeigt eine Wandkarte im Faustmuseum: Zu seinen Stationen zählten Wittenberg, Erfurt, Leipzig und Basel, aber auch Brandenburg und Paris. Gestorben ist er schließlich in Staufen im Breisgau: Bei dem Versuch, für den Freiherrn von Staufen Gold zu machen, kam er durch eine Explosion ums Leben.

15 000 Menschen besuchen jährlich das 1980 im alten Rathaus eröffnete Faustmuseum samt dem Archiv, erzählt der freundliche Museumswärter, viele tragen sich in das Gästebuch am Eingang ein, kramen aus ihrer Erinnerung berühmte Zitate aus Goethes »Faust« wie »Hier bin ich Mensch, hier darf ich's sein« und setzen ihren Namen darunter. Andere reimen selbst einen Vers, der sich auf den Doktor Faust, seine Versuche, Gold zu machen, auf seine Verbindung zu Maulbronn oder sein un-

glückliches Ende bezieht. Es ist beeindruckend, was hier im Knittlinger Faustmuseum alles über diesen Wissenschaftler und Gelehrten, der die Menschen so sehr fasziniert, zusammengetragen worden ist: die gesamte Literatur über Faust, die Lebensbeschreibungen, die Theaterstücke in vielen Sprachen, die Faust-Puppenspiele und Übersetzungen von Goethes »Faust« in 43 Sprachen – über 20 000 Faust-Veröffentlichungen sind hier registriert.

Faust-Briefmarken gibt es auch – und natürlich Kurioses: außer der Faust-Apotheke und dem Schiff, das seinen Namen trägt, auch eine Wirtschaft, die sich mit dem Doktor Faustus schmückt.

Mit den größten Raum in der Schau über diesen geheimnisvollen Menschen nimmt natürlich der Schriftsteller ein, der den Faust so weltberühmt gemacht hat: Johann Wolfgang von Goethe, der sich 60 Jahre lang mit dem Faust befaßt hat, der von Jugend an von diesem Thema, von dieser Gestalt fasziniert war. Das beweisen die zahlreichen Goethe-Briefe und -Zitate, die ebenfalls zu sehen sind. In diesem Sinne bleibt eigentlich nur die Erkenntnis getreu dem Faust-Motto: »Das Unzugängliche, hier wird's Ereignis. Das Unbeschreibliche, hier ist's getan!«

Schloß Lichtenstein

Es ist gerade anders herum als üblich: Das Buch ist nicht des schönen Schlosses wegen entstanden, sondern das Schloß wurde gebaut, nachdem es im Roman so reizvoll beschrieben worden war. Die Rede ist vom Lichtenstein, dem erst 1842 auf einem freistehenden Felsen der Reutlinger Alb erbauten »Märchenschloß«. Es ist wohl das einzige Schloß, das seine Existenz einem Buch, einem Roman, verdankt. »Wie das Nest eines Vogels, auf die höchsten Wipfel einer Eiche oder auf die kühnsten Zinnen eines Turms gebaut, hing das Schlößchen auf dem Felsen«, beschreibt Wilhelm Hauff in seiner gleichnamigen »romantischen Sage« aus dem Jahr 1826 den Lichtenstein, den es zu dieser Zeit so noch gar nicht gab.

Nur ein Jagdhaus stand hier oben auf den Resten der alten Burg – das romantisch-schöne, uneinnehmbar scheinende Schloß aber existierte nur in der Phantasie des Verfassers. Er schrieb das Werk in einer Zeit, in der Württemberg, obwohl von Napoleons Gnaden zum Königreich aufgestiegen, ziemlich unbedeutend war, es gab mächtigere deutsche Staaten als das Königreich Württemberg. Das hat den jungen Schwaben Wilhelm Hauff

offenbar geschmerzt, und so hat er – dem Beispiel des Schotten Walter Scott folgend, dessen historische Romane sich beim Publikum großer Beliebtheit erfreuten – selbst zur Feder gegriffen, um seinem Land wenigstens literarisch zu historischer Größe zu verhelfen. In seinem »Lichtenstein« ließ er die alten Tugenden, die ehrwürdigen Rittergestalten wieder aufleben und gegen das »Böse« triumphieren. Er stellte historischen Figuren wie dem Herzog von Württemberg erfundene Personen wie den Georg von Sturmfeder an die Seite. Entstanden ist daraus ein Zeitgemälde des beginnenden 16. Jahrhunderts, das viele Leser als eine Nacherzählung historischer Fakten mißverstanden. Sie glaubten an die Beschreibung im Roman, daß der (auch in Wirklichkeit) verfolgte Herzog Ulrich Zuflucht auf dem Lichtenstein und in der benachbarten Nebelhöhle gesucht hat, daß er, ein im Grunde aufrechter Mensch, von schlechten Ratgebern ins Unglück gestürzt, ein tragisch betrogener Herrscher gewesen sei. Das liest sich ja auch erfreulicher als die historische Wahrheit vom despotischen Herzog Ulrich von Württemberg. Auf jeden Fall haben schon Hauffs Zeitgenossen den Roman förmlich verschlungen: Der junge Dichter hatte, wie sein Vorbild Walter Scott, den Nerv einer an Orientierungsmöglichkeiten armen Bevölkerung getroffen.

Graf Wilhelm von Württemberg, ein Vetter des Königs, gab schon 14 Jahre nach der Erstveröffentlichung des Romans den Bau des Lichtenstein in Auftrag, genauso wie im Buch beschrieben: romantisch, mit Erkern und Zinnen, einer Zugbrücke, mit Schloßkapelle und Rittersaal. Diesen Erfolg seiner »romantischen Sage aus der württembergischen Geschichte«, den Bau des Lichtenstein, hat Wilhelm Hauff nicht mehr miterlebt: Er war schon am 18. November 1827 im Alter von nur 25 Jahren gestorben. Bis auf den heutigen Tag jedoch ist die Anziehungskraft des Lichtenstein ungebrochen: Tausende strömen jährlich hierher zu dem romantisch auf einem Felssporn über dem Echaztal thronenden Schlößchen, darunter viele, die seine Geschichte und den Hauffschen Roman nicht kennen, die nur der Anblick oder das Foto aus Fremdenverkehrsprospekten hergelockt hat. Stündliche Führungen in Deutsch, Englisch und Französisch werden angeboten, und nur wenige Besucher kümmert angesichts der malerischen Anlage, der Ritterrüstungen und Waffen die Tatsache, daß dieses wundersame Schloß, das genauso aussieht, wie man sich eine mittelalterliche Burg schon immer gern vorgestellt hat, ein Kind des 19. Jahrhunderts ist.

Ähnlich ergeht es dem Besucher in der nur wenige Kilometer entfernten Nebelhöhle, ob nun der Herzog darin Unterschlupf gefunden hat oder nicht – Hauptsache, die Tropfsteingebilde an den Wänden sind so schön wie die Geschichte vom Herzog in der Höhle. Und das Nebelhöhlenfest, das hier seit Anfang des 19. Jahrhunderts gefeiert wird und bei dem sich schon unsere Urgroßväter und Urgroßmütter vergnügt haben, ist den meisten Tradition genug. Der Lichtenstein und die Nebelhöhle sind dank des Romans eines 24jährigen Dichters aus der schwäbischen Geschichte nicht mehr wegzudenken – wenn auch erst seit 150 Jahren.

Das Marbacher Julmond-Grab

Vor einem Vierteljahrhundert ging der Name des Ortes durch alle bundesdeutschen Zeitungen: Für ihren Staatsbesuch in der Bundesrepublik im Jahr 1964 hatte sich die englische Königin Elisabeth II. gewünscht, auch einen Blick nach Marbach tun zu dürfen. Und in Marbach war sie dann auch, im Schiller-Nationalmuseum, wo sonst? Die findigen Protokollbeamten hatten das Besuchsprogramm exzellent gesteuert, bis sie bei folgender Bemerkung der Queen aus allen Wolken fielen, denn diese meinte nach dem Rundgang: »Very nice, but where are the horses?« (»Sehr schön, aber wo sind die Pferde?«) Marbach auf der Schwäbischen Alb war es nämlich, das die pferdebegeisterte Königin unbedingt hatte sehen wollen, nicht Marbach am Neckar. Und genauso, wie es für die kulturbeflissenen deutschen Beamten nur ein Marbach, nämlich das Schillersche Marbach, gab, hatte die Königin nur ein Marbach, nämlich das mit den Pferden, im Sinn gehabt – Verwechslungen dieser Art sind schönster Anekdotenstoff.

Marbach, das Gestüt auf der Schwäbischen Alb, ist also ganz offenkundig nicht nur hierzulande ein Begriff – die

hier im Jahr 1491 von Herzog Eberhard (damals noch
Graf) von Württemberg mit der Gestütsgründung begon-
nene Pferdezucht ist heute weltweit anerkannt: Ob es
sich um Vollblutaraber, um Trakehner, Haflinger oder
Schwarzwälder Füchse handelt – die insgesamt 350 Pferde von Marbach können sich vor jedem Experten sehen
lassen. Sehenswert ist auch die (kostenlos zu besichti-
gende) Gestütsanlage in reizvoller Landschaft. Viele der
Besucher, die durch das große Tor in den Innenhof mit
dem 1844 gegossenen Stutenbrunnen treten, sich die im
rechten Winkel angeordneten Ställe ansehen und die
Allee mit den mächtigen alten Bäumen entlanggehen,
von der aus man einen Teil des fast 1000 Hektar großen
Gestüts überblickt, sind nicht zum erstenmal hier.
Wirklich berühmt geworden aber ist Marbach durch seine Vollblutaraberzucht, die in Württemberg bereits Anfang des 19. Jahrhunderts von König Wilhelm I. begründet und in Marbach nach dem Zweiten Weltkrieg wieder-
aufgenommen wurde. Daneben sind es die Springpferde,
die hier gezüchtet werden. Dabei spielt der Name eines
Pferdes eine überragende Rolle: Julmond. Ein Trakeh-
nerhengst, also ein ostpreußisches Warmblut, das nach
dem Zweiten Weltkrieg und der Flucht aus Ostpreußen
schließlich nach Marbach gelangte. 140 Nachkommen
hat Julmond gezeugt – er gilt deshalb zu Recht als
Stammvater der neuen Reitpferdezucht im Land. Wen
wundert es, daß diesem legendären Hengst, der 1965 an
einem Herzschlag starb, ein Denkmal gesetzt wurde.
Ganz oben an der Allee, dort, wo sich der Weg gabelt,
steht ein großer Gedenkstein mit einer Tafel: Das ist die
Stelle, an der Julmond begraben wurde. Bis vor einigen
Jahren war das Julmond-Grab sogar bepflanzt, doch hat
man das mittlerweile mit der Begründung aufgegeben,

ein Pferd sei doch kein Mensch, das müsse doch nicht sein. Was aber immer noch steht und was wohl auch bleiben wird, ist der Gedenkstein mit der Inschrift: »Julmond. Geboren 26. April 1938 in Ostpreußen, gestorben 23. März 1965 in Marbach. Aus seiner ostpreußischen Heimat vom Landgestüt Georgenburg kam der Hengst in den Wirren der Nachkriegszeit hierher und leitete eine neue Zuchtperiode in der württembergischen Pferdezucht ein.«

Der Michaelsberg bei Cleebronn

Der Berg ist 394 Meter hoch und gilt als das Wahrzeichen des Zabergäu: der Michaelsberg bei Cleebronn, der sich, von Reben umgeben, imposant mit seiner Kirche über die Landschaft ringsum erhebt. Der Ausblick von hier ist dementsprechend schön und weit: Zur Schwäbischen Alb, zum Odenwald, über das ganze Zabergäu reicht der Blick. Der Berg hat, wie es sich für eine so markante Erhebung gehört, eine sagenumwobene Geschichte: In römischer Zeit soll hier ein Tempel gestanden haben – die Rede ist von einem Heiligtum für die Mondgöttin Luna. Christliche Missionare traten die Nachfolge an und bauten hier oben eine Kirche. Der Frankenkönig Pippin soll den Befehl dazu gegeben haben. Immerhin wird die Kirche bereits in einer Schenkungsurkunde von 793 erstmals erwähnt.

Der legendäre Missionar Bonifatius höchstpersönlich soll hier gewesen sein und die Kirche auf den Resten des römischen Heiligtums errichtet haben. Er spielt auch eine Hauptrolle in der Sage, die belegen soll, weshalb der Michaelsberg nach dem Erzengel Michael benannt worden ist. Es gibt sogar zwei – ziemlich ähnliche – Sagen, die beide mit Bonifatius und dem Erzengel zu tun haben. Der Missionar, so heißt es, habe während seiner Missionstätigkeit heftigen Streit mit dem Teufel bekommen – und bei welcher Gelegenheit könnte ein christlicher Missionar besser mit den höllischen Mächten streiten als beim Bau einer christlichen Kirche auf einem heidnischen Fundament? Der Streit muß sogar handgreiflich geworden sein, und der Teufel scheint größere Kraftreserven gehabt zu haben als der Missionar. Da rief Bonifatius in seiner Not den Erzengel Michael an, der ihm zu Hilfe kam und im Ringkampf mit dem Teufel siegte. Während des Kampfes aber soll er eine Feder aus seinem Flügel verloren haben, die danach in der neuerbauten Kirche auf dem Berg, den man, wie auch das Gotteshaus, ihm zu Ehren benannte, aufbewahrt wurde. In der zweiten Version heißt es, Bonifatius habe selbst dem Erzengel die goldene Feder ausgerupft, als er ihn nach dem siegreichen Kampf zu einem Gespräch festhalten wollte, der Engel aber bereits wieder entschwebte. Statt des Flügels habe der verdutzte Missionar am Ende nur die Feder in der Hand gehabt. So lauten die beiden unterschiedlichen Versionen mit dem gleichen Kern. Auf jeden Fall hat das Volk die Engelsfeder auf dem Michaelsberg kräftig verehrt. Es kamen sogar regelrechte Wallfahrten zustande, bei denen zahlreiche wundersame Heilungen geschehen sein sollen.

Und wo ist die Feder geblieben? Sie sei irgendwann im 16. Jahrhundert gestohlen worden, berichtet die Sage, die allerdings wohl keinen geschichtlichen Hintergrund hat. Zumindest ist vor 1800 nirgendwo von einer Engelsfeder auf dem Michaelsberg die Rede, wenigstens nicht in Urkunden. Justinus Kerner und Eduard Mörike erst haben die Feder-Erzählung populär gemacht – Mörike beispielsweise schreibt im Gedicht »Erzengel Michaels Feder«: »Der Mann Gottes stand sehr verblüfft. / Ihm war, wie er mit dem Engel rang, / eine Feder gülden, schön und lang / aus dem Fittich in der Hand geblieben ...«, doch Mörike vergißt nicht – um der Wahrheit die Ehre zu geben –, den Leser des Gedichts darauf hinzuweisen, daß da eine gehörige Portion Schalk im Spiel war, als er die Geschichte der Michaelsfeder zusammenreimte: »Zu guter Letzt ich melden will, / da bei dem Berg liegt auch Tripsdrill. / Wo wie ihr ohne Zweifel wißt, / die berühmte Pelzmühle ist!« Und am Fuß des Michaelsbergs liegt tatsächlich Tripsdrill, die Altweibermühle, in die oben die alten Frauen – und wahrscheinlich wohl auch Männer – hineingesteckt werden (heute rutschen sie einfach eine Rutsche hinunter) und unten jung und munter wieder auftauchen. Mörikes Hinweis auf die »Pelzmühle«, die Mühle, die den Pelz verändert, also die Haut wieder jung macht, bedeutet nichts weiter, als daß die Geschichte von der Engelsfeder genauso zu verstehen sei wie die von der angeblich jung machenden Altweibermühle.

Was also bleibt beim Gang auf den Michaelsberg? Der herrliche Blick und eine beeindruckende Kirche aus dem 12. Jahrhundert, in der sich verschiedene Baustile überlagern. An einer Wand findet sich die frühgotische Grabplatte einer Frau vom Stein. Von der Öffnung des Grabes im 19. Jahrhundert wird berichtet, daß die Tote die Skelette zweier Kleinkinder in den Armen gehalten habe, weshalb vermutet wurde, daß sie bei der Geburt von Zwillingen starb und mit den ebenfalls gestorbenen oder totgeborenen Kindern zusammen beigesetzt wurde. Eine Michaelsstatue fehlt in der Kirche natürlich ebensowenig wie ein Bildnis vom Kampf des Engels mit dem Teufel. Der Erwähnung wert sind auch die beiden Glocken »Catharina« und »Susanna«, die schon im 17. Jahrhundert bei herannahenden Unwettern geläutet wurden (da man von diesem Berg aus herannahende Wetterfronten ja bestens beobachten kann), um die Bewohner der umliegenden Ortschaften zu warnen. Sie haben deshalb auch Eingang in eine Bauernregel gehalten: »Katharein und Susein treibens Wetter übern Rhein.«

Das Mundinger Landgericht

Man denkt an mittelalterliche Gerichtsszenen, an düstere Femegerichte, Hinrichtungen unter freiem Himmel, wenn man auf der Landkarte – unweit des Dorfes Mundingen, das heute zur Stadt Ehingen an der Donau gehört – mitten in offener Landschaft den Namen »Landgericht« verzeichnet findet. Und den Besucher beschleicht ein leichtes Unbehagen angesichts der Stätte, die diesen Namen trägt: zwei mächtige uralte Buchen, von denen eine mittlerweile abgestorben ist, riesige Stämme, die deutlich vom Waldrand abgesetzt in der Alblandschaft aufragen. Man sieht sie förmlich vor sich, die zum Tod durch den Strang verurteilten Missetäter, die in früheren Jahrhunderten hier an einem Ast der imposanten Baumriesen aufgeknüpft wurden. Aber man sollte seiner Phantasie nicht die Zügel schießen lassen, so blutig ist die Geschichte des Landgerichts nicht gewesen.

Kann sein, daß die Stätte viel älter ist als ihre erste urkundliche Erwähnung im Jahr 1208, kann sein, daß sie davor tatsächlich als Richtplatz diente, belegen läßt sich das jedenfalls nicht. Belegt ist jedoch, daß es sich beim Landgericht von Mundingen um den Platz handelt, an dem die Grafen von Wartstein Gericht hielten. Belegt ist auch, daß König Maximilian I. im Jahr 1498 der Mundinger Pfarrkirche 30 Morgen Ackerland, »genannt das Landgericht«, schenkte, und es ist bekannt, daß es auch andernorts solche »Landgerichte« gegeben hat: Nur – in Mundingen hielt sich der Name bis in die heutige Zeit hinein. Immerhin war das Landgericht jahrhundertelang auch ein Freiplatz, das heißt, die Mundinger konnten hier ihr Vieh weiden lassen, ohne dafür den Zehnten oder andere Steuern zu zahlen, keine Herrschaft hatte hier irgend etwas zu befehlen. Wenn Händel entstanden und ausgetragen wurden, waren die daran beteiligten Personen niemandem Rechenschaft schuldig, außerdem war das Landgericht ein Ort, an dem jedermann Asylrecht hatte, da es dem juristischen Zugriff anderer Herrschaften entzogen war, ein uraltes Recht.

Verhandelt und bestätigt wurden hier Schenkungen, Verkäufe und Streitigkeiten um Landbesitzrechte. Kurz: Das Landgericht war eine Art Notariat und Amtsgericht unter freiem Himmel. Schon die Germanen kannten solche Versammlungen unter freiem Himmel, meist unter markanten Bäumen, das sogenannte Thing oder Ding, das seit dem 8. Jahrhundert nur noch der Rechtsprechung diente. Die Thingstätte war ein geheiligter Platz, an dem bestimmte Regeln galten, die nicht verletzt werden durften. Vergleicht man dies mit dem Sonderstatus des Landgerichts als Freiplatz, so liegt der Schluß nahe, daß es hier, vor dem Gerichtsort der Grafen von Wartstein, schon im frühen Mittelalter eine Gerichtsstätte gegeben haben muß.

Schade, daß heute außer dem Eintrag »Landgericht« auf der Wanderkarte und einer Wegetafel des Albvereins nichts mehr auf diese früher so bedeutende Stätte hinweist. Wer auf der Straße von Mundingen nach Granheim unterwegs ist, muß schon genau Ausschau halten, um nicht am Landgericht vorbeizufahren: Da stehen auf der rechten Seite die beiden mächtigen Buchen (beziehungsweise das, was von der einen noch übriggeblieben ist), in ihrer Mitte eine Sitzbank, die wiederum von zwei kleineren Bäumen flankiert ist. Diese beiden Bäumchen (verglichen mit ihren respekteinflößenden Nachbarn sehen sie tatsächlich recht bescheiden aus) wurden 1953 vom Mundinger Albverein gepflanzt. Zwei Linden sind es, als künftige Wahrzeichen des Landgerichts – Linden deshalb, weil eigentlich sie die bevorzugten Bäume waren, unter denen im Mittelalter Gerichtsversammlungen stattfanden. Und so gedeiht mit diesen beiden Linden immerhin die Hoffnung, daß sie das geschichtsträchtige Landgericht bei Mundingen auf der Schwäbischen Alb wenigstens weiterhin deutlich markieren, zumal im Dorf die Erinnerung an diese wichtige Stätte im Lauf der Zeit immer mehr verblaßt.

Das Schwedengrab von Mühlheim an der Donau

Eine Kastanienallee unterhalb des Städtchens Mühlheim an der Donau. Etwa zehn Meter über der Donauniederung liegt das Schloß der Herren von Enzberg, unten zieht sich eine halbverfallene Dornröschenmauer durchs Tal, die Begrenzung des ehemaligen Schloßgartens. An einer etwas höheren Stelle fällt am Fuß der Mauer eine kleine quadratische Umzäunung ins Auge, höchstens 30 Zentimeter hoch, vielleicht ein mal ein Meter groß, darin zwei Wacholderbüsche und einige blaue und gelbe Stiefmütterchen, ein Stein mit einer schwarzen Tafel in der Mitte und vor dem Quadrat ein weißes Schild mit schwarzer Aufschrift: »Schwedengrab.«

Deshalb also die blauen und gelben Stiefmütterchen, die Nationalfarben Schwedens? Das Denkmal soll an eine längst vergangene Begebenheit erinnern, eine Begebenheit aus der Zeit des Dreißigjährigen Krieges, von dem auch die Stadt Mühlheim an der Donau nicht verschont blieb. Im Juni 1632 nahmen die Schweden die Stadt kampflos ein. Die meisten Einwohner und auch die adlige Ortsherrschaft waren kurz zuvor geflohen, als die Nachricht vom unaufhaltsamen Heranrücken der Schwe-

den eintraf. Einige hundert Mann schwedischer Reiterei besetzten die Stadt und machten sie zum Stützpunkt für Streifzüge und Plünderungen in der näheren Umgebung. Von ihnen wurde damals auch das Kloster Beuron heimgesucht und gebrandschatzt. Ein dreiviertel Jahr blieben die Schweden in der Stadt, bis zum 21. Februar 1633: Völlig überraschend – die Chronik eines Mühlheimer Hufschmids aus derselben Zeit spricht dunkel von »Verrat« – tauchte eine gewaltige Übermacht kaiserlicher Reiter in Mühlheim auf und metzelte die völlig überraschten, hoffnungslos unterlegenen Schweden bis auf den letzten Mann nieder. Es wurden keine Gefangenen gemacht, es gab keine Verletzten, sondern nur Tote: Die Donau, so der Chronist, sei nach dem Massaker rot gefärbt gewesen vom Blut der Schweden, das von den Straßen der Stadt wie ein Bach heruntergeflossen sei. Die Leichen wurden in einem Massengrab beigesetzt, außerhalb der Stadt zu Füßen des Schlosses, an der Stelle, an der heute der Gedenkstein mit der Aufschrift »Schwedengrab« zu finden ist. Nichts würde mehr an das blutige Geschehen vom Februar 1633 erinnern, wenn nicht auf der in den Stein eingelassenen Tafel zu lesen wäre, was sich damals hier zugetragen hat: »Hier ruhen fern ihrer nordischen Heimat 300 schwedische Reiter. Sie blieben bei dem Überfall der Stadt Mühlheim an der Donau durch die Kaiserlichen am 21. Februar 1633.«
Bis in unser Jahrhundert hinein hat das Geschehen von 1633 nachgewirkt: Die Katholiken der Stadt sollen – erzählt man – den Ort des Gemetzels lange gemieden haben, und immer seien es die Protestanten gewesen, die das Schwedengrab erhalten und gepflegt hätten, also Bürger mit demselben Glaubensbekenntnis wie die ermordeten Schweden.

Die Mühlheimer Stadtverwaltung läßt das Grab von einem Bürger pflegen, dem sie die Kosten für die Anpflanzung der Blumen ersetzt. Denn darüber ist man sich im Mühlheimer Rathaus einig: Die Zeit der erbitterten Macht- und Glaubenskämpfe in Mitteleuropa sollte nicht vergessen werden, sollte vielmehr Mahnung für heute und für die Zukunft sein.

Walterichskirche und Walterichskapelle in Murrhardt

Ausgrabungen haben die Legende bestätigt, haben wieder einmal bewiesen, daß Volkserzählungen dieser Art durchaus einen wahren Kern haben können. Die Rede ist von den Ausgrabungen anläßlich der Renovierungsarbeiten in der Walterichskirche von Murrhardt, bei denen im Jahr 1963 das Grab des legendären Einsiedlers Walterich entdeckt wurde. Jahrhundertelang waren die Menschen von weit her zu seiner letzten Ruhestätte gepilgert und hatten dort um Heilung von ihren Krankheiten gebetet. Mitten in der Kirche wurde das Grab nun wiederentdeckt, das vermutlich um 830 angelegt wurde, aus Steinen, die noch aus der Zeit der Römer stammen. Eine reliefierte Steinplatte zeigt Romulus und Remus, die sagenhaften Gründer Roms, die an den Zitzen der Wölfin saugen.

Eine Fülle von Indizien beweist, daß es sich bei diesem Grab tatsächlich um die letzte Ruhestätte Walterichs handelt, von der lange Zeit nur bekannt war, daß sie in der Walterichskirche von Murrhardt zu finden sei. Nur wo, das wußte bis 1963 niemand zu sagen.

Zunächst zum Hügel, auf dem die Walterichskirche liegt,

über der Stadt und der sehenswerten Klosterhofanlage, mitten im Friedhofsbereich. Nicht weit entfernt stand hier in der Römerzeit ein Kastell zum Schutz des nahen Limes. Was lag nun für die römischen Soldaten näher, als auf eben diesem Hügel – der möglicherweise schon von den Kelten besiedelt worden war – ein Heiligtum zu errichten, einen kleinen Tempel, der aller Wahrscheinlichkeit nach dem Sonnengott Mithras geweiht war. Auf dem Hügel sind außer Resten einer solchen Anlage auch römische Urnengräber gefunden worden.

Wer immer das Land kontrollierte, nahm von diesem Hügel Besitz, nach den Römern waren es die Alemannen, später die Franken. Um 800 baute sich der Einsiedler Walterich an dieser mystischen Stätte eine Klause. Einige Jahre später soll sich Kaiser Ludwig der Fromme – auf der Flucht vor seinen Söhnen – in dieser Gegend aufgehalten haben. Von ihm erhielt Walterich die Erlaubnis, unterhalb des Hügels ein Kloster zu bauen, das 817 gegründet wurde und dessen erster Abt Walterich war.

Und nun zur Wallfahrt: Schon vor seiner Zeit als Abt, heißt es in der Legende, habe Walterich oft auf einer römischen Steinplatte gesessen – wohl einem Rest der römischen Tempelanlage – und Besucher empfangen, gepredigt und Kranke geheilt. Nach seinem Tod hielt sich der Glaube an die Heilkräfte Walterichs, er wurde sogar noch stärker und breitete sich aus. Vor allem am Karfreitag pilgerten die Menschen zu seinem Grab in der Kirche auf dem Hügel. Nach der Reformation sollte der Wallfahrt ein Ende gemacht werden, doch die Menschen kümmerten sich nicht um Verbote und pilgerten weiter zum Walterichsgrab. Um 1600 schließlich verlor die protestantische Kirchenobrigkeit die Geduld und ließ die Grabplatte rigoros zerschlagen. Doch weil auch die neu-

en geistlichen Herren nicht ohne weiteres auf die reichlichen Opfergaben der Wallfahrer verzichten wollten, wurde aus den Trümmern der Grabplatte ein Opferstock angefertigt, der nicht die Tradition der Wallfahrt, wohl aber die des Opfers fortsetzen sollte. Dieser Opferstock ist heute noch am Eingang der Walterichskirche zu sehen: auf der linken Seite des Eingangsportals in die Wand eingemauert, renoviert im Jahr 1801 und immer noch voll in Funktion.

Das Walterichsgrab ist heute in der Kirche wieder sichtbar, wenngleich außer einer neuen großen Abdeckplatte auf dem Fußboden nicht viel zu sehen ist. Da fasziniert schon eher das um 750 entstandene, in Walterichs Grab gefundene steinerne Lebensbaumrelief mit der Taube, das jetzt in den Altar eingelassen ist.

Die Walterichskirche kann leicht mit der Walterichskapelle verwechselt werden, die unten im Klosterhof an den Nordturm der Stadtkirche angebaut ist. Sie ist sogar die kunstgeschichtlich bedeutendere, denn sie gilt als eine der schönsten und stilreinsten romanischen Kapellen in unserem Land, während die spätgotische Walterichskirche mehrfach umgebaut wurde. Doch mit dem Grab des Einsiedlers und Klostergründers Walterich bleibt sie der eigentliche Anziehungspunkt, zu dem nach wie vor die Menschen pilgern und der nach der Bestätigung der Legende durch die Archäologie noch an Reiz hinzugewonnen hat.

Das Sängermahnmal in Oberflacht

Hand aufs Herz: Wer hätte gedacht, daß ausgerechnet im Seitinger Ortsteil Oberflacht im Kreis Tuttlingen eine der sensationellsten Entdeckungen zur Archäologie der Merowingerzeit gemacht worden ist? Wer, außer Ortskundigen, weiß überhaupt, wo Oberflacht liegt: östlich vom Lupfen, dem mit 977 Metern höchsten Berg der Baar, südlich des markanten Bergkegels des Hohenkarpfen, der aussieht wie ein Vulkan, aber keiner ist, und von dem man eine prächtige Sicht auf die Landschaft der Ostbaar und die Dörfer Seitingen und Oberflacht genießt.

Hier, in der Flur Kreuzbühl, wurden seit 1809 beim Lehmabbau immer wieder Gräber entdeckt. Gezielte archäologische Grabungen in diesem Gräberfeld gab es dann im Jahr 1846, und dabei kam eine Sensation ans Tageslicht: In einer hölzernen Grabkammer fand sich ein hölzerner Sarg, dessen Deckel mit einer doppelköpfigen Schlange verziert war. Im Sarg lag ein Toter, der mit dem rechten Arm ein zweischneidiges Schwert und eine Leier umfaßte. 40 Jahre später wurde ein ähnliches Grab aufgedeckt, in dem der Tote in einem reichausgestatteten Sarg außer einem Schwert ebenfalls eine Leier im Arm hielt.

Diese beiden in Oberflacht gefundenen Leiern gehören zu den ältesten jemals nördlich der Alpen entdeckten Saiteninstrumenten.

Die Grabbeigaben deuten darauf hin, daß es sich bei den Toten um adlige Alemannen des 7. Jahrhunderts handelt. Das Todesjahr des zuerst gefundenen Alemannen mit der Leier wird auf das Jahr 610 geschätzt. Diese beiden Männer aus vornehmer Familie gingen nicht nur dem Kriegshandwerk nach, sondern sie fanden auch Zeit und Muße, die Leier zu spielen und Heldenlieder zu singen. Ungefähr 75 cm groß waren diese Leiern, die sechs Saiten hatten, und wie man aus Überlieferungen weiß, war es im frühen Mittelalter durchaus üblich, daß vornehme Herren die Leier spielten und Heldenepen vortrugen.

An der Grabstelle des 610 gestorbenen Alemannen hat man dem »ersten deutschen Sänger«, wie er phantasievoll-pathetisch genannt worden ist, ein Denkmal gesetzt und ausgestaltet. Zunächst stiftete im Jahr 1950 der Tuttlinger »Sängervater« Dr. Max Cremer, ein Augenarzt, einen Stein samt Gedenktafel mit der Aufschrift: »Im Jahre 1846 fand man hier bei Ausgrabungen einen jungen alemannischen Krieger mit Schwert und Leier im Arm der Ewigkeit entgegenschlummernd. Die Sänger der Heimat weihen ihm diesen Stein. 1950.«

Jahrzehntelang wurde diese »Wiege des deutschen Gesangs« von Karl Schröder, einem in Oberflacht lebenden Bremer, gehegt und gepflegt, »im Andenken an diesen jungen Alemannen, der seine Leier so geliebt haben muß, daß man sie ihm sogar mit ins Grab gegeben hat«, wie er es selbst ausdrückte. Sicherlich ein bißchen sentimental, ebenso wie das Gedicht, das dieser »Wächter des Sängermahnmals« – so nannte er sich selbst – auf einer Tafel an der Gedenkstätte anbringen ließ und dessen erste Strophe lautet: »Denk, Wanderer, hier lebten einst Alemannen, / gewesen sind sie, in Staub zerfallen, / so wie auch dieser hier sterben mußt' / und ruht mit der Leier an seiner Brust . . .«

Immerhin hat sich auch der deutsche Sängerbund an der Gestaltung des Sängermahnmals beteiligt: In der kleinen, von Büschen gesäumten Anlage links der Straße Durchhausen–Oberflacht, kurz vor dem Ort, der wegen dieses Grabes seinen Namen über die Gemeindereform retten konnte (die Gesamtgemeinde heißt Seitingen-Oberflacht), wurden im Jahr 1963 feierlich Bäume gepflanzt, die der Stätte den Charakter eines Ehrenhains geben sollten. Und welche Bäume passen dazu am besten? Natürlich Eichen, daneben gibt es aber auch Birken und andere Baumarten, gepflanzt am 23. November 1963, wie auf der Tafel steht, auf der die Namen aller 23 Baumpflanzer festgehalten sind: Bundestagsabgeordnete, Landtagsabgeordnete, Minister, der Regierungspräsident, der Landrat, die Gemeinde, Privatleute . . . In der Zwischenzeit sind die Bäume groß geworden, so groß, daß sie jedem auffallen, der vom Hohenkarpfen herunter in Richtung Oberflacht blickt: Genau dort, wo in der sonst fast baumlosen Ebene eine rechteckige Anlage mit Laubbäumen ins Auge fällt, liegt das Sängermahnmal von Oberflacht, die Gedenkstätte für den leierspielenden alemannischen Adligen, der hier zu Beginn des 7. Jahrhunderts gestorben ist.

Der Oberhohenberg

Er ist einer der höchsten Berge der Schwäbischen Alb,
1010 Meter hoch, und nicht nur wegen seiner Höhe be-
deutend, der Oberhohenberg auf der Gemarkung Schörzingen im Zollernalbkreis. Ein großes Grafengeschlecht
hatte hier im Mittelalter seine Stammburg: die Grafen
von Hohenberg, die im Jahr 1179 erstmals urkundlich erwähnt werden, zur selben Zeit, in der die große Burg mit
über 75 Meter Länge und 40 Meter Breite erbaut wurde.
Von dieser mächtigen Anlage ist nichts übriggeblieben:
Schon 1449 wurde sie in einer Fehde des damaligen
Burgherrn Jost von Hornstein mit der Reichsstadt Rottweil von Soldaten der Stadt eingenommen und völlig
zerstört. Die Sage billigt ihr immerhin ein etwas weniger
schmähliches Ende zu: Eine vor Liebe blinde Magd habe
ihrem Herzallerliebsten – natürlich einem Rottweiler
Spitzel – heimlich das Burgtor geöffnet und so die Angreifer eindringen lassen. In diesem Fall also ein Ende
durch Verrat und nicht durch eigentliche Eroberung.
Eine schmachvolle Niederlage paßt auch nicht zu einem
Bau, aus dessen Mauern immerhin Gräfin Gertrud von
Hohenberg stammt, die sich nach ihrer Vermählung mit

König Rudolf von Habsburg im Jahr 1245 Anna nannte und als die Stammutter der Habsburger gilt, eines der mächtigsten Geschlechter, das je im Heiligen Römischen Reich Deutscher Nation geherrscht hat. Die Hohenberger haben einem ganzen Landstrich ihren Namen gegeben, obwohl Graf Rudolf III. von Hohenberg-Rottenburg seine Herrschaft schon im Jahr 1381 an Herzog Leopold III. von Österreich verkaufen mußte. 400 Jahre lang blieb das Land bei Österreich und wurde vom Oberamt Rottenburg aus regiert – bis zum 26. Dezember 1805, als es von Napoleon dem Königreich Württemberg zugeschlagen wurde.

Für das engere Gebiet um den Oberhohenberg gab es ein Obervogteiamt, zunächst in Fridingen an der Donau, später in Spaichingen. Die Vorsteher der oberhohenbergischen Dörfer galten bei der Obrigkeit als schwierige Untertanen – vielleicht ist ihr Eigensinn der Grund dafür, daß sie sich im ausgehenden Mittelalter zu einer Art Parlament zusammenschließen konnten, der Versammlung der »Leute von Oberhohenberg«, und sogar das Recht erwirkten, Wappen und Siegel zu führen, das ihnen bereits im Jahr 1482 von Herzog Sigismund zugestanden wurde. Ohne Frage ist er ein geschichtsträchtiger Berg, der Oberhohenberg, mit dessen Besitz sich wohl jede Gemeinde im Umland gerne schmücken würde, und eben damit hat es seine besondere Bewandtnis. Jahrhundertelang gehörte die Markung Hohenberg nämlich zur Gemeinde Deilingen, bis zum Jahr 1909. Dann war alles anders: Dazu muß man wissen, daß es bis zum Ende des 19. Jahrhunderts ein Rittergut auf dem Oberhohenberg gab, das irgendwann einmal niederbrannte und dessen Besitzer, die Freiherren von Ow, nichts mehr mit ihm anzufangen wußten. Deshalb wurde es am 12. November

1907 versteigert, wie üblich meistbietend. Zwei Interessenten gab es, die Gemeinde Deilingen und die Gemeinde Schörzingen, die einander zu überbieten versuchten, bis schließlich Deilingen, zu arm und daher chancenlos, nicht mehr mithalten konnte und der Oberhohenberg für die Summe von 149 300 Mark der Gemeinde Schörzingen zugeschlagen wurde. Das Wahrzeichen von Deilingen, auf das man so stolz war, plötzlich von anderen ersteigert, weggeschnappt – unfaßbar! Bis auf den heutigen Tag haben die Deilinger das nicht verwunden, und es ist für sie nur ein schwacher Trost, daß Schörzingen inzwischen seine Selbständigkeit eingebüßt hat und nach Schömberg eingegliedert worden ist, so daß der Oberhohenberg seither den Schömbergern gehört.

Der Roßberg im Schwarzwald

Es ist wie in allen Grenzgebieten: Da gibt es eine Fülle von Geschichten und Erzählungen, die sich mit der besonderen Situation des »Hüben und drüben« beschäftigen und von denen keiner sagen kann, was an ihnen eigentlich wahr ist und was in den Bereich der Fabel gehört, die dennoch oft genug einen wahren Kern hat. Wahr ist jedenfalls, daß der Roßberg bei Kaltbrunn über dem Kinzigtal früher Grenzgebiet war: Die eine Hälfte gehörte zum Königreich Württemberg, die andere zum Großherzogtum Baden. Auf dem fast 750 Meter hohen Roßberg, einer von dichtem Fichtenwald umgebenen Hochfläche, stehen heute drei große Bauernhäuser, deren Besitzer nicht mehr Landwirte sind, sondern erholungsuchende Städter. Außerdem gibt es eine kleine Kapelle, die St.-Georgs-Kapelle, deren Vorläufer im Jahr 1275 erstmals urkundlich erwähnt wird. Eine ganze Stadt namens Rosenberg soll es hier oben auf der zugigen Höhe einmal gegeben haben, vor langer Zeit, doch die Bewohner der Stadt, so heißt es, sollen ob ihres Reichtums so stolz und hochmütig geworden sein, daß ein himmlisches Strafgericht über sie kam und Menschen und Häuser von der Erde verschlungen wurden.

Nur die kleine St.-Georgs-Kapelle blieb stehen, und hierher kamen jahrhundertelang die Bewohner aus den umliegenden Ortschaften und Gehöften zum Gottesdienst. Der Weg hinauf war lang und beschwerlich, und so verwundert es nicht, daß die Menschen ihn im Lauf der Zeit immer mehr scheuten und einen anderen Ort für den Gottesdienst und die Bestattung ihrer Toten forderten.

Im 16. Jahrhundert schließlich, nachdem sich auch kein Pfarrer mehr bereit gefunden hatte, hier oben Dienst zu tun, löste der (evangelisch gewordene) Graf Wilhelm von Fürstenberg die Pfarrei auf und ließ die Kapelle später sogar abbrechen. Einige Jahrzehnte später aber, im Jahr 1577, wurde sie wieder aufgebaut, und dieser Bau steht noch heute.

Am Namenstag des Kirchenpatrons, des hl. Georg, sollen hier früher Reiterprozessionen veranstaltet worden sein, und alle Waldarbeiter aus der Umgebung hatten sich an diesem Tag zum Gottesdienst in der Kapelle einzufinden. Doch diese Zeiten sind längst vorbei, die Kapelle ist für Besucher geschlossen, die Glocke läutet nicht mehr zum Gottesdienst. Fußboden und Wände des einsamen Gemäuers, das leider nicht unter Denkmalschutz steht, sind mit Schimmel überzogen, der Zahn der Zeit nagt erkennbar überall. In einer Ecke der Kapelle findet sich zufällig ein brüchiges Pergament, geschrieben von Waldarbeitern: »Anvertrauen werden wir St. Georg dieses Kirchlein, nimm es treu in deine hut.« Auf dem Altar ein Gemälde des hl. Georg, und sonst? Stille ringsum, nur der Wind pfeift hörbar über die »gottverlassene« Hochfläche. Von weit her dringt das Geräusch von Motorsägen: Waldbesitz hat die Bauern in der Umgebung einst reich gemacht. Wer von Kaltbrunn kommend auf den Roßberg wandert, ein gutes Stück davon auf dem vor einigen Jahren neu angelegten Hansjakobweg, begreift schnell, warum. Ringsum dehnt sich Wald, ab und zu unterbrochen von einer steilen Magerwiese oder einem kleinen Staubecken, das früher die Flößer gebraucht haben. Hier ist er oft vorbeigekommen, der berühmte Sammler badischer Volkssagen und Geschichtenschreiber, Pfarrer Heinrich Hansjakob. Vielleicht ist auch er hier bei der Märzenbecherwiese stehen geblieben, die im Frühjahr, wenn der Schnee taut, übersät ist mit Tausenden von Märzenbechern, die die Wiese gleich wieder schneeweiß erscheinen lassen. Wald auf dem Weg hoch zum Roßberg – und auf der Hochfläche selbst wandert der Blick über die bewaldeten Höhenzüge der weiteren Umgebung. Vor allem Fichten wachsen gut auf diesem Boden, wenngleich die Fürstlich-Fürstenbergischen Förster schon in den fünfziger Jahren darauf hingewiesen haben, daß hier »etwas nicht mehr stimmt«. Eine Dauerbeobachtungsfläche für das Waldsterben ist in der Zwischenzeit eingerichtet worden, und auch wenn der Laie nur gesunde Bäume sieht, blicken die Familien, die seit Jahrhunderten vom Wald leben, besorgt auf ihre Bestände.

Oben auf der Lichtung des Roßbergs kann man übrigens noch immer die Grenze erkennen, die hier früher verlief. Zumindest gibt es noch den Grenzstein zwischen Baden und Württemberg: Mitten durch das Leibgedinghaus des Anton Harter soll die Grenze früher gegangen sein. Und natürlich erzählt man sich hier die Geschichte von dem Gesetzesbrecher, der von einem badischen Ordnungshüter auf der Ofenbank dieses Hauses gestellt wurde. Einfach ein Stück weiter sei er gerückt und habe dann triumphierend erklärt, er habe sich soeben über die Grenze von Baden nach Württemberg begeben, denn diese verlaufe ja genau durch die Bank – also sei er jetzt außer Landes und in Sicherheit. Obwohl die Grenze eher unmittelbar hinter dem Haus verlief, könnte sich diese Geschichte durchaus ähnlich abgespielt haben, nur eben nicht auf der Ofenbank, sondern hinter dem Leibgedinghaus auf dem Roßberg bei Kaltbrunn.

Das Mélac-Türmle bei Rüdern

Wer von Plochingen auf der B 10 in Richtung Stuttgart fährt, wird kurz hinter Esslingen auf der rechten Seite in den Weinbergen hoch über dem Neckar ein Türmchen erkennen, das ganz einsam und verlassen dort oben steht: Man nennt es den Ailenturm, den Turm auf dem Ailenberg, das Türmle auf dem Ölberg oder auch – in Obertürkheim, Hedelfingen, Mettingen, Uhlbach, Esslingen und Rüdern – das »Mélac-Türmle«. Es ist eine sagenumwobene Stätte in den Gärten und Weinbergen, wo dieser Rundturm mit seinem spitzen Dach zu finden ist. Auf dem 340 Meter hohen Ailenberg, im Jahr 1297 erstmals als Ölberg erwähnt, danach Ölenberg genannt, mußte 1574 nach dem Testament des Esslinger Stadtamtmanns Joß Burkhardt ein turmähnliches Lusthäuschen mit goldener Kuppe (die es heute nicht mehr hat) errichtet werden. Wer hier oben steht und auf das Neckartal, die Filder, den Stuttgarter Kessel und den Rotenberg schaut, begreift sofort, weshalb dieses Türmchen hier in der Einsamkeit gebaut worden ist. Die Geschichte des Ailenberg reicht zurück bis ins 6. Jahrhundert – ein alemannisches Adelsgrab aus dieser Zeit hat man hier entdeckt.

Im Mittelalter soll hier eine Wallfahrtskapelle gestanden haben – vielleicht erklärt sich daraus auch der frühere Name Ölenberg. Die Stätte hat also Geschichte, wenngleich die eigentliche, die berühmte Geschichte erst noch kommt. Nein, es ist nicht der »Schlurker vom Ailenberg«, der hier der Sage nach umgeht und der, wenn er umgeht, ein gutes Weinjahr ankündigt – sondern die Sage vom Mädchen von Esslingen, die sich um den Turm auf dem Ailenberg spinnt. Dazu muß zurückgeblendet werden in das Jahr 1688, als Ezéchiel Graf von Mélac, der berüchtigte General Ludwigs XIV., seine Feuerspur quer durch Süddeutschland legte und plündernd und mordend eine Stadt nach der anderen heimsuchte (im Jahr 1689 verwüstete er die Pfalz und legte Heidelberg in Schutt und Asche). Dieser Berserker trieb also 1688 sein Unwesen auch im Württembergischen, ließ seine Soldaten rauben, morden, Frauen und Mädchen schänden. Kein Wunder, daß sich die Bewohner der von Mélacs Armee bedrohten Dörfer in die von Mauern geschützten Städte flüchteten. So schickte auch der besorgte Pfarrer Jeremias Haug in Hochdorf bei Ludwigsburg seine schöne Tochter Anna Catharina aus dem Dorf fort, zu seinem Verwandten Hans Rutenberg, dem Wirt vom Goldenen Adler in Esslingen, damit sie hier, in der alten freien Reichsstadt, in Sicherheit sei. Unglückseligerweise war dies das Verkehrteste, was er machen konnte, denn schon ein paar Tage später mußte Esslingen den Truppen des Generals Mélac die Tore öffnen. Und ausgerechnet wo stieg der gefürchtete Franzose ab? Natürlich im Goldenen Adler, in dem Anna Catharina Haug Schutz gesucht hatte. Die Anwesenheit des schönen Kindes entging dem General natürlich nicht, doch alle seine Annäherungsversuche blieben vergeblich. Schließlich wurde er so wütend, daß er das Pfarrerstöchterlein ans Fenster zerrte und auf die Stadt zeigte, die er sofort zerstören und verbrennen werde, wenn sie sich ihm nicht auf der Stelle hingebe. Doch Anna Catharina griff zu einer List: Nicht in dieser, erst in der nächsten Nacht werde sie ihm zu Willen sein, und auch nicht hier, sondern drüben auf dem Ailenberg, wo ein einsamer kleiner Turm stehe. Mélac ging darauf ein und begab sich in der kommenden Nacht mit seinem Opfer hinauf zum Turm. Doch als er sich dort (natürlich Schlag Mitternacht) auf das Mädchen stürzen wollte, zog es einen Dolch und versuchte zuzustechen. Der Plan ging schief: Mélac bekam den Dolch zu fassen und stieß ihn in seinem Zorn der armen Anna Catharina mitten ins Herz. Vom Bild der ermordeten Schönen verfolgt, jagte er zurück nach Esslingen und zog schon kurze Zeit später mit seinen Truppen ab, ohne die Stadt zu zerstören. Oben am Turm aber fanden Weingärtner das ermordete Mädchen, das sich für die Stadt Esslingen geopfert hatte. Als Retterin der Stadt, als »Mädchen von Esslingen«, ging Anna Catharina Haug in die Geschichte ein.

Schön wär's, wenn die Geschichte wahr wäre, doch leider ist sie es nicht – zumindest nicht ganz, denn in Wirklichkeit hat sich das Ganze viel unromantischer abgespielt: Zwar versteckte sich die Pfarrerstochter Anna Catharina Haug tatsächlich beim Wirt des Goldenen Adler, Hans Rutenberg, vor den Mélac-Truppen, und tatsächlich nahm der General hier Quartier, wobei er sie entdeckte, doch ist das Mädchen keinem Mord zum Opfer gefallen, sondern tatsächlich geschändet worden, vermutlich von Mélac selbst. Zumindest bezeugt das ein Gesuch, das der Pfarrer Jeremias Haug aus Hochdorf an die Stadt Esslingen richtete, mit der Bitte, seine Tochter zu alimentieren, da sie vom General nach der Drohung, er würde die Stadt in Brand stecken, geschwängert worden sei. Das Kind, das sie danach geboren habe, sei eine schwere finanzielle Belastung. Doch bevor der Rat der Stadt eine endgültige Entscheidung treffen mußte, starb das uneheliche Kind mit Namen Josef im Alter von neun Monaten. Damit hatte sich »die Sache erledigt«. Jedoch: Drei Jahre nach dem Tod seiner Frau im Jahr 1694 heiratete der Adlerwirt Rutenberg wieder – und zwar Anna Catharina, die Tochter des Pfarrers von Hochdorf. Und dies ist das unromantische und wirkliche Ende der Geschichte vom Mädchen von Esslingen, die sich oben auf dem Ailenberg am Mélac-Türmle eben nicht zugetragen hat, sich aber dennoch oder gerade deswegen im Volksmund wohl noch lange und hartnäckig halten wird.

Das Klopferle von Sachsenheim

Fast überall, wo ein altes, romantisch anmutendes Schloß steht, erzählen sich die Leute allerlei Gespenstergeschichten um einen oder mehrere Schloßgeister, die da früher einmal gehaust haben sollen. Und wenn es sich gar um ein so schönes Wasserschloß wie das Renaissanceschloß von Sachsenheim handelt, erwartet man natürlich eine besonders hübsche Geschichte von einem rätselhaften Wesen, das sich einst hier getummelt hat. Die Rede ist vom Sachsenheimer Klopferle, das noch heute links vom Eingangsportal im Sachsenheimer Schloß zu bewundern ist – wenn auch nur als Kopie, das steinerne Original, an dem die Umwelteinflüsse und der Zahn der Zeit genagt haben, steht sicherheitshalber jetzt im örtlichen Heimatmuseum. Da also steht ein in Stein gehauenes, gnomenhaftes Wesen, umrankt von steinernem Blattwerk, mit kurzer Hose und großen, ängstlichen Augen – so zumindest hat sich ein unbekannter Künstler das »Klopferle von Sachsenheim« vorgestellt, das sich im später deshalb so genannten »Klopferleschloß« herumgetrieben haben soll. Gesehen hat das Klopferle nämlich niemand, oder vielmehr fast niemand, aber damit sind wir schon mittendrin in der Sage, die auch von August Kopisch, dem Dichter der »Heinzelmännchen von Köln«, verbreitet worden ist (allerdings hat er arge Ähnlichkeiten mit den Kölner Heinzelmännchen konstruiert). Doch schon lange davor, in der berühmten Zimmerschen Chronik aus der zweiten Hälfte des 16. Jahrhunderts, hat der Chronist Graf Froben Christoph von Zimmern von einem sagenhaften »Entenwick« (wie man das Klopferle auch genannt hat) erzählt: »Auch zu den Edelleuten von Sachsenheim ist ein Gespenst gekommen. Das blieb etliche Jahre bei ihnen ... er redete aber nur mit einer Vogelstimme und sagte, er sei einer von den verstoßenen Engeln im Himmel.« Tausend Jahre lang habe der verstoßene Engel in einem Röhrlein im Moos gelegen, bis er schließlich nach einigem Hin und Her ins Schloß nach Sachsenheim gekommen sei. Dort habe er – wohl aus Dankbarkeit, daß er eine Bleibe gefunden hatte – nur Gutes getan: Sobald die Weinfässer im Keller leer waren, habe er diese wieder gefüllt. Er habe geputzt, der Herrschaft den chronisch leeren Geldbeutel immer wieder mit Goldstücken gefüllt, die Pantoffeln gebracht, Wasser geholt, für Essen gesorgt und ab und zu auch mal die Mägde geneckt. Den Namen Klopferle erhielt er deshalb, weil er so oft an die Weinfässer im Keller klopfte, was dann im ganzen Schloß zu hören war. Und weil es halt ein so guter Hausgeist war, hat man ihm im Schwäbischen das liebevolle -le angehängt, also nicht Klopfer, sondern – sanfter – Klopferle! Solange man es gut behandle und in Ruhe lasse, hieß es, so lange sei auch das Wohlergehen des Sachsenheimer Geschlechts gesichert. Und so war es auch bis zu einem unglückseligen Tag im Jahr 1542. Damals habe der Schloßherr wieder einmal einen über den Durst getrunken (was dem Klopferle an-

118

scheinend nie gefallen hat), ein paar Gäste seien auch dagewesen, und natürlich habe man sich über das Klopferle unterhalten. Je mehr Wein getrunken wurde, desto lauter und kecker wurden die Zechkumpane. Schließlich forderten sie den Schloßherrn auf, ihnen das unsichtbare Klopferle doch endlich einmal zu zeigen, und tatsächlich rief der Angesäuselte seinen Schloßgeist. Der soll aus dem Nichts geantwortet haben, man möge ihn doch bitte nicht rufen, doch darauf habe der Schloßherr erst recht verlangt, das Klopferle zu sehen. Jetzt kam die inständige Bitte, doch kein drittes Mal zu rufen, doch vergeblich. Ein weiteres Mal kam der Befehl, sich endlich zu zeigen. Da tat es einen furchtbaren Donnerschlag, ein kleines Männchen in rotem Kleid tauchte auf und fuhr mit Blitz und Donner durch die Decke. Das Schloß wurde durch den Blitz in Brand gesetzt und brannte bis auf die Grundmauern nieder. Der Schloßherr samt seinen Saufkumpanen konnte sich mit Mühe und Not gerade noch in Sicherheit bringen.

In dem Augenblick, als das Klopferle das Sachsenheimer Schloß verlassen hatte, war die gute Zeit dieses Geschlechts zu Ende. Das Schloß wurde zwar zwei Jahre später wieder aufgebaut, doch bald danach starb die Familie aus, und die Weissagung des Klopferle, daß es mit den Herren von Sachsenheim zu Ende gehen werde, wenn es nicht mehr da sei, hatte sich erfüllt.

Bleibt abschließend noch die Frage, was denn so schlimm an der Bitte des Schloßherrn war, das Klopferle möge sich einmal zeigen: Erstens zeigt sich ein Gespenst nun mal nicht gern, und zweitens muß es so entsetzlich ausgesehen haben, daß es wohl einfach Angst vor der Wirkung seines Anblicks auf die Menschen gehabt hat. Einer hat nämlich einmal einen Teil von ihm gesehen: Bern-

hard von Sachsenheim, dem habe das Klopferle tatsächlich nachgegeben und zunächst nur seinen Arm offen-
bart, ein gräßlich grün-rot-gelb aussehendes, warziges
Etwas, so daß der arme Ritter über diesen Anblick in hel-
les Entsetzen ausbrach und versicherte, er wolle nie
mehr etwas vom Klopferle sehen. »Gut, dann laßt es
auch, und so lange bin ich Euer treuer Diener«, soll der
Schloßgeist daraufhin geäußert haben, und es ging ja
auch alles gut – bis zum Jahr 1542 und dem verheeren-
den Schloßbrand, dessen Ursache zumindest die Sage
ganz genau kennt.

Das Silchermuseum in Schnait

»In diesem Schulhaus wurde Friedrich Silcher am 27. Juni 1789 geboren, er starb am 26. August 1860 in Tübingen als erster Musikdirektor der Universität. Das Museum ist Eigentum des Schwäbischen Sängerbundes und wird von ihm unterhalten.« Der Besucher, der in Schnait vor dem schönen Fachwerkhaus bei der Kirche steht, ist also bestens informiert. Das Geburtshaus des schwäbischen Komponisten Friedrich Silcher ist aber mittlerweile noch mehr, nämlich das einzige deutsche Sängermuseum. Sicher ist dieser Ort der richtige Platz dafür, denn es gibt wohl keinen Musiker, der für den Chorgesang mehr getan hat und der so stark bis in die Gegenwart nachwirkt wie Friedrich Silcher, von dem es heißt: »Vom Volke kam er, dem Volke sang er, im Volke lebt er.« Mit seinen Liedern und Liedbearbeitungen ist er noch immer lebendig in den zahlreichen Silcherchören, in den Chorgemeinschaften, bei unzähligen Singstunden und Veranstaltungen, ob mit »Ännchen von Tharau«, »Ich hatt' einen Kameraden«, »Wenn alle Brünnlein fließen«, »Hab oft im Kreise der Lieben« oder »Jetzt gang i ans Brünnele« und vielen anderen mehr. Wer weiß heute noch, daß

das gemeinsame Singen dieser so romantisch anmuten-
den, manchmal auch ein wenig knitzen Lieder früher einmal durchaus revolutionären Charakter hatte? Zu Sil-
chers Zeit war es ja nicht so selbstverständlich wie heute,
sich überhaupt zusammenzufinden und miteinander zu
singen und zu musizieren. Vereine und gar deren öffent-
liche Veranstaltungen waren mitunter jahrelang verboten. Die Liedertafeln und Liederkränze von damals, die
Vereine der einfachen Leute, das gemeinsame Singen als
Weg zur Bildung, als pädagogisches Instrument, haben
den Herrschenden nicht unbedingt und immer gefallen.
Hinzu kam, daß Silcher, seit 1817 der erste Musikdirektor der Universität Tübingen (er hatte seine Lehrertätig-
keit zwei Jahre vorher aufgegeben, um sich völlig der
Musik zu widmen), ein sehr liberaler Mann war. Er hatte
ein offenes Ohr für die fortschrittlichen Studenten und
stand den revolutionären Befreiungsbewegungen in der
ganzen Welt aufgeschlossen gegenüber. Immerhin hat
der Schwabe Silcher auch die »Marseillaise«, das französische Revolutionslied, für seine akademische Tübinger
Liedertafel bearbeitet.
Viele vergessene Volkslieder hat er gesammelt und vielen Texten neue Melodien gegeben, weil die alten nicht
mehr aufzufinden waren, und er hat sich damit wie kein
zweiter um das deutsche Liedgut verdient gemacht, hat
vieles vor dem Vergessenwerden bewahrt und bis heute
modern erhalten, obwohl es immer wieder Stimmen gibt,
die über die Lieder spotten und die Silcherchöre eher
mitleidig als »Volkstümler« abtun. Doch damit wird man
diesem Mann und seinen Liedern nicht gerecht. Die Arbeit für die Laienchöre, für breite Bevölkerungsschichten
war sicher eines seiner größten Verdienste.
Mit seinen Volksliedern hat sich Silcher sein eigenes

Denkmal gesetzt, das in zweierlei Weise bewahrt wird: zum einen mit den Dokumenten im Schnaiter Silchermuseum und zum anderen von den vielen Silcherchören im ganzen Land. Wie populär der Mann war, der es eigentlich gar nicht gewagt hatte, die Stellung des Musikdirektors der Universität Tübingen anzunehmen – er gab schließlich dem Drängen seines Bruders nach –, beweist nicht zuletzt eine Schilderung seines Begräbnisses in Tübingen, wo er im Alter von 71 Jahren gestorben war. Nachdem er 43 Jahre als Musikdirektor an der Universität gewirkt hatte und nebenbei als Leiter von zahlreichen Chören in und um Tübingen tätig gewesen war, gaben ihm Studenten, Dozenten, Professoren (die gelegentlich auf ihn herabgesehen hatten) und viele Menschen aus der Bevölkerung das letzte Geleit.

Das Henri-Arnaud-Haus in Schönenberg

Nur wenige wissen, daß es mitten in Baden-Württemberg Dörfer gibt, deren Namen einen ganz und gar nicht schwäbischen Klang haben. Dörfer wie Großvillars, Kleinvillars, Serres oder Pinache. Die Namen werden französisch ausgesprochen und haben tatsächlich – wie die Dörfer – eine französische Vergangenheit: Sie sind in den Jahren nach 1699 zur neuen Heimat von Waldensern geworden, Mitgliedern einer ursprünglich in Frankreich beheimateten, im 17. Jahrhundert durch Ludwig XIV. verfolgten Glaubensgemeinschaft, die im 12. Jahrhundert von einem Kaufmann namens Petrus Waldes in Lyon gegründet wurde. Er sei, so heißt es, ein reicher Kaufmann gewesen, der sich sein Vermögen durch allerlei unrechtmäßige Machenschaften und Ausbeutung erworben hatte. Als eines Tages einer seiner Freunde in einer geselligen Runde plötzlich tot umfiel, wurde dem Kaufmann Waldes von einer Sekunde zur anderen die Sinnlosigkeit des irdischen Strebens nach Macht und Reichtum bewußt. Er verzichtete auf sein ganzes Vermögen und seine Güter und lebte ab 1174 in völliger Armut und oft im Gegensatz zur Kirche, die seiner Meinung nach längst von den Glaubenswahrheiten des Evangeliums abgewichen war. Über 300 Jahre vor Martin Luther und der Reformation war hier also bereits eine vorreformatorische Bewegung entstanden, die sich bald über Lyon hinaus in ganz Frankreich, Spanien, Teilen des deutschen Reiches, im Baltikum und in Italien ausbreitete. Auch der Bannstrahl der Inquisition konnte die Waldenser nicht von ihrem Glauben abbringen: Im Jahr 1532 schlossen sie sich der Reformation an.

Dann kam das Jahr 1684: Nach der Aufhebung des Toleranzedikts von Nantes durch Ludwig XIV. wurden die Waldenser – wie auch die Hugenotten – brutal vertrieben. Viele flüchteten in entlegene Alpentäler, nach Savoyen, in die Schweiz. Immer wieder kam es zu Kämpfen mit den Verfolgern, und auch die Zuflucht Savoyen mußte bald wieder aufgegeben werden, da sich das Land 1696 im Frieden mit Frankreich verpflichtet hatte, keine evangelischen Franzosen mehr zu dulden. Am 1. Juli 1698 wurden schließlich fast 3000 Waldenser und Hugenotten ausgewiesen. Einer ihrer Führer, der Pfarrer Henri Arnaud, suchte nach einer neuen Heimat, doch der Winter kam dazwischen, so daß die Flüchtlinge zunächst in der Schweiz auf verschiedene Dörfer verteilt werden mußten. Im Jahr 1699 endlich konnte die Weiterreise nach Deutschland angetreten werden, wo sich verschiedene Waldensergruppen in Teilen des Reiches niederlassen durften, so auch fast 1800 Menschen in Württemberg, dessen Herzog Eberhard Ludwig ihnen in der Gegend um Maulbronn eine neue Heimat bot. Gerade die Gemeinden bei Maulbronn hatten im Dreißigjährigen Krieg furchtbar gelitten: Nach 1648 waren von den ehemals 30 000 Untertanen des Klosteramtes noch 1500 übriggeblieben. In Ötisheim beispielsweise, das 1692 auch noch durch Brand zerstört wurde, lebten 1697, kurz vor der Ankunft der Waldenser, gerade noch neun Menschen. Vor diesem Hintergrund ist es um so verständlicher, daß ihnen der Herzog hier eine neue Heimat samt dem Recht auf freie Ausübung ihrer Religion gewährte. Nachdem die Waldenser am 15. September 1699 ihrem neuen Herrscher gehuldigt hatten, erhielten sie außer dem Recht auf den Bau eigener Siedlungen, deren Gemarkung teilweise aus den Flächen der bestehenden, fast menschenleeren Orte herausgeschnitten wurde, auch kostenlos Steine und anderes Baumaterial für den Hausbau.

Im Jahr 1701 baute sich auch der Waldenserführer Henri Arnaud ein Haus. Es war das erste Haus von Schönenberg (heute ist der Ort Gemeindeteil von Ötisheim), ein Fachwerkhaus, in dem heute das Waldensermuseum eingerichtet ist. Auf seinem Hof pflanzte Pfarrer Arnaud übrigens die ersten Kartoffeln in Württemberg, nachdem ihm ein Kaufmann aus Frankreich einige dieser damals hier noch unbekannten Knollengewächse mitgebracht hatte. Über die Waldenserkolonien im Umkreis verbreitete sich die Kartoffel allmählich auch auf andere Gemeinden und so schließlich im gesamten Herzogtum Württemberg. 1721 starb Henri Arnaud und wurde in der Schönenberger Kirche beigesetzt.

Bis ins 19. Jahrhundert haben die Waldenser in ihrer neuen Heimat ausschließlich französisch gesprochen, bis am 9. September 1823 durch königlich-württembergisches Dekret auch bei ihnen die deutsche Sprache eingeführt wurde.

Im Henri-Arnaud-Haus in Schönenberg ist die Geschichte dieser Glaubensgemeinschaft dokumentiert, das Haus selbst größtenteils wieder so hergerichtet, wie es zu Lebzeiten Arnauds ausgesehen haben muß, die Küche mit den Gerätschaften, das »Liederdichter-Zimmer« mit dem Spruch: »Die Zeit ist eine schwere Last, wenn du die Ewigkeit nicht hast«, passend dazu an der Wand ein steinernes Gewicht (die Last) für eine Kirchenuhr. Dann Arnauds Studierstube, ebenfalls mit einem für die Situation der Waldenser typischen Spruch: »Fürchte dich nicht, du kleine Herde, denn es ist eures Vaters Wohlgefallen, durch das Reich zu gehen.« Die Sammlung evangelischer Kirchenbücher, die spärliche Möblierung in den Zimmern, all das spiegelt das Leben und die Einstellung des Waldenserführers Henri Arnaud wider, geboren in Embrun in der Dauphiné, gestorben in Schönenberg in Württemberg. Sein Schicksal ist in den wenigen Worten eingefangen, die an einer Wand in seinem Haus zu lesen sind: »Um des Glaubens willen Fremdling geworden.«

Der Salvator in Schwäbisch Gmünd

Der Kreuzweg vom Bahnhof in Schwäbisch Gmünd zum Salvator auf dem Nepperberg hinauf ist anders als die meisten anderen Kreuzwege. Die Stationen des Kreuzwegs sind fast wie richtige Kapellen gestaltet und mit lebensgroßen Figuren ausgestattet, die den Leidensweg Jesu plastisch darstellen. Da ist die Station, an der zu Füßen des Gekreuzigten eine Quelle entspringt, da ist weiter oben eine Kreuzigungsgruppe zu sehen, und endlich oben bei der Salvatorkapelle angelangt, hat man einen herrlichen Blick auf die Kaiserberge Hohenstaufen, Rechberg und Stuifen.

Die kleine, dem Erlöser geweihte Kirche ist eine in den Fels gehauene Kapelle, bei deren Anblick man sich unwillkürlich fragt, was hier gemauert ist und was aus Stein besteht. In den Fels sind Fenster eingelassen, ein Turm ist angebaut (oder aus dem Fels herausmodelliert? Die Wahrheit liegt in der Mitte), eine in den Fels gehauene Kanzel blickt ins Freie. »Salvator Mundi« steht über dem Eingang zu lesen, darüber – Beklommenheit auslösend – der Gekreuzigte mit abgebrochenem Kopf.

Im zweischiffigen Innenraum zwischen den Stützpfeilern und dem durch ein Gitter mit goldbemaltem Schloß abgesperrten kleinen Altarraum einhergehend, fragt man sich erneut: Was ist Mauer, was ist Fels? Über dieser Kapelle findet sich noch eine zweite: Sie wurde einfach über die untere gebaut beziehungsweise in den Felsen gehauen. In dem schönen, sehr geschlossen wirkenden Raum mit zwei weiten Kreuzrippengewölben beeindrukken ein steinerner Christus, der, einen Palmzweig in der Hand haltend, auf einem Esel reitet, und eine figurenreiche Ölberggruppe, die vollständig aus dem Fels gehauen wurde.

Kein Wunder, daß sich nach Fertigstellung der Kapelle im Jahr 1621 auf dem Salvator schon bald eine Wallfahrt entwickelte. Bereits im 16. Jahrhundert muß es auf dem Nepperberg ein Heiligtum gegeben haben, das, von einer Felshöhle geschützt, ebenfalls aus dem Stein herausgemeißelt war. Eine Kreuzigungsgruppe mit Maria und Joseph soll es gewesen sein, doch die Marienfigur soll irgendwann verlorengegangen oder zerstört worden sein, und so lag der Ort, wie ein Bürger der Stadt Anfang des 17. Jahrhunderts schreibt, »liederlich, verlassen und wüst« da. Erst der gebürtige Gmünder Heinrich Pfennigmann, Pfarrer in Sulzfeld am Main, wollte diese Stätte nicht dem Untergang überlassen. In seinem Testament aus dem Jahr 1616 vermachte er der Stadt deshalb die Summe von 200 Gulden, bestimmt zur Wiederherstellung des Heiligtums. Die Stadt vergab den Auftrag an den Baumeister Caspar Vogt, der den beiden Kapellen in den Jahren 1618–1621 ihre bis heute erhaltene Gestalt gegeben hat. Auch die Ölberggruppe hat er geschaffen und dafür sogar von Kaiser Ferdinand III. allergrößtes Lob geerntet. Der hat den Salvator im Juli 1636 besucht und soll angesichts der Ölberggruppe gesagt haben, dergleichen sei ihm in seinem ganzen Leben nicht vor die Augen gekommen.

Es ist schade, daß die früher bei der unteren Kapelle in den Fels gehauene Klause für einen Einsiedler die Jahrhunderte nicht überstanden hat, sondern zerstört worden ist. Dieser Einsiedler hatte die Aufgabe, die beiden Kapellen und die Kostbarkeiten zu bewachen sowie den Geistlichen bei Gottesdiensten zu helfen.

Natürlich haben die – protestantischen – Landesherren später immer wieder versucht, die Wallfahrt aufzulösen, doch alle Versuche waren vergebens. Sie konnten lediglich Einschränkungen durchsetzen, denn die Bevölkerung hielt hartnäckig und treu zu »ihrem Salvator« – bis auf den heutigen Tag.

Der Hölzlekönig bei
Schwenningen

»Hier stand der Hölzlekönig. Er galt lange Zeit als größte Tanne Deutschlands. 5,75 Meter Umfang in Brusthöhe, 50 Festmeter Holz. Der einstige Waldriese lebt in der Erinnerung fort.« So steht es zu lesen auf einem Schild am Wanderweg, der von Villingen nach Schwenningen führt. Mitten in einem Fichtenwaldstück findet sich eine kleine Einfriedung und darin die Tafel mit der zitierten Inschrift. Zwei Bänke in der Nähe, ein weiterer Hinweis, daß man sich hier auf 770 Meter Höhe am Ostweg Pforzheim–Schaffhausen befinde, das Wissen, daß durch dieses Waldstück die europäische Wasserscheide verläuft, der Blick ringsum auf prächtige hohe Bäume – und dann die Frage, ob denn von diesem riesigen Hölzlekönig überhaupt nichts übriggeblieben ist außer der Erinnerung? Nein, nicht einmal ein Baumstumpf ist in der Umzäunung zu entdecken. Man weiß nur, daß er über 50 Meter hoch war und daß er über 450 Jahre alt gewesen sein soll, der König der Bäume im Waldstück Hölzle.
Sein Sterben vollzog sich langsam: Es begann im Herbst 1876 mit einem Sturm, der dem Baumdenkmal die beiden Wipfel abriß, aber auch da war er immerhin noch

stattliche 42 Meter hoch. Erst das Jahr 1915 brachte das
Aus in Form eines Januarsturms mit Hagel und Gewitter:
Der Baum knickte in 20 Meter Höhe ab, und das überlebte er nicht mehr. Die Tanne, an deren mächtigem Stamm
die Schwenninger so gerne Feste gefeiert hatten, war
endgültig zerstört. Doch immerhin, seine »Frau«, die ist
noch zu sehen im Wald, wenngleich auch sie, 50 Meter
vom einstigen »Hölzlekönig« entfernt, einen recht traurigen Anblick bietet: ein riesiger, toter Baum ohne Wipfel
und fast ohne Rinde, ein Paradies für den Borkenkäfer,
wie die vielen Löcher und das morsche Holz beweisen.
Eine Tafel ist an dem abgestorbenen Baumriesen angebracht: »Hölzlekönigin. Höhe 42 Meter, Umfang 4,5 Meter, Festmeter: 40?, Alter 300 Jahre?« Das sind die letzten
Überreste der »Hölzlekönigin«, deren stattliche Größe
sie zur »Partnerin« des berühmten »Hölzlekönigs« erhoben hat. Was hat es aber nun auf sich mit dem Hinweis
auf dem Schild beim Hölzlekönig, er lebe in der Erinnerung fort? Dazu muß die Sage bemüht werden, die sich
um diese Stätte rankt. Es soll irgendwann im 16. Jahrhundert gewesen sein, ein Chronist gibt sogar die Jahreszahl
1522 an, da zog eine Gruppe von Zigeunern durch jene
Gegend, samt dem Zigeunerkönigspaar und dessen klei-
nem Sohn. Der Bruder des Königs scheint ein ausge-
machter Bösewicht gewesen zu sein: Weil er eines Tages
selber König werden wollte und deshalb zunächst den le-
gitimen Nachfolger beseitigen mußte, setzte er den Knaben in einem Wald bei Schwenningen aus. Das Kind
wurde jedoch bald gefunden und vom Schwenninger
Vogt aufgenommen und aufgezogen.
Jahre später kamen die Zigeuner, aus deren Gruppe das
Königskind damals auf so merkwürdig unaufgeklärte
Weise verschwunden war, wieder in diese Gegend. Der

Onkel, der den Knaben in den Wald verschleppt hatte, war tatsächlich in der Zwischenzeit Zigeunerkönig geworden.

Im Hölzle feierten die Zigeuner ein Fest, zu dem bald auch die Schwenninger Dorfjugend strömte, mit ihr das Findelkind, das auf den Namen Michael getauft worden war und nichts von seiner Herkunft wußte. Da erkannte die Mutter des Königs, also Michaels Großmutter, die Ähnlichkeit mit ihrem verstorbenen Sohn und war sich bald sicher, daß es sich bei dem jungen Schwenninger namens Michael um das verschollene, längst totgeglaubte Königskind handeln mußte. Also, sprach die Großmutter, müsse Michael König der Zigeuner werden, und er wurde es auch. Der unrechtmäßige König aber wurde verstoßen. Der wiederum rächte sich, indem er in Schwenningen Feuer legte, was nach Meinung der aufgebrachten Dorfbewohner kein anderer als ausgerechnet Michael, der neue Zigeunerkönig, gewesen sein konnte, der in der vergangenen Nacht eine heftige Auseinandersetzung mit seinem Pflegevater gehabt hatte. In ihrer grenzenlosen Wut erschlugen sie den vermeintlichen Brandstifter. Am Ort der schlimmen Tat gruben die Zigeuner ihrem jungen König ein Grab, und die Großmutter pflanzte ein Tännchen darauf, das in den folgenden Jahren wuchs und wuchs, bis schließlich ein riesiger Baum an der Stelle stand, an der der unschuldige Zigeunerkönig erschlagen worden war: der »Hölzlekönig«.

Der Birkenkopf in Stuttgart

»Birkenkopf: Ursprünglich 471 Meter hoch, heute 511,20 Meter – Erhöhung 40,20 Meter 1953–1957, Aufschüttung von 1,5 Millionen Kubikmeter Trümmerschutt aus der in 53 Luftangriffen im Zweiten Weltkrieg zu 45 Prozent zerstörten Stadt Stuttgart« – ein Gefühl der Beklemmung stellt sich ein, wenn man auf dem ehemaligen Gipfel des Birkenkopfs in Stuttgart steht und die eben zitierte Inschrift auf der Gedenktafel liest: 40 Meter hoch nur Trümmer einer zerstörten Stadt, die sich vor dem Besucher auftürmen!
Es ist ein langer Weg hinauf zum »Monte Scherbelino«, wie die Stuttgarter den Birkenkopf längst nennen, ein Weg, der um den Bergkegel herumführt, am Wegrand Büsche, viele Birken, in der Ferne die Geräuschkulisse der im Zweiten Weltkrieg zur Hälfte zerstörten Großstadt, der Verkehrslärm von der nahen Straße – eine unwirkliche Atmosphäre, die auf dem Weg nach oben immer stärker spürbar wird. Und oben auf dem »Monte Scherbelino« der Blick über die gesamte Stadt in der Abendsonne, bis zum Fernsehturm, über die umgebende Landschaft, bis zum Hohenstaufen. Ein riesiges schlich-

tes Holzkreuz inmitten der Trümmer einer klassizistischen Villa, auf dem Rest eines Portals die Inschrift: »Erbaut vom Wohltätigkeits . . .«, eine Grabplatte ist zu erkennen, zerbrochene Säulen, die wild übereinanderge-
stapelt sind, Mauerreste, Reliefs, eine terrassenähnliche
Abstufung in Richtung Holzkreuz: Hier verstummt unwillkürlich das Gespräch. Dann die Tafel: »Dieser Berg
nach dem Zweiten Weltkrieg aufgetürmt aus den Trümmern der Stadt steht den Opfern zum Gedächtnis und
den Lebenden zur Mahnung!«
Es ist Gras darüber gewachsen im Lauf der Zeit, über die
Trümmer, über die Bombennächte von damals – und
dennoch, hier oben, beim Blick über die Hochhäuser in
und um Stuttgart, stellt man sich vor, wie es gewesen
sein muß, als bei Nacht die Bomber kamen und ihre
Fracht über der Stadt, über den Menschen in den Luft-
schutzkellern entluden, als diese große Stadt in Schutt
und Asche sank. Das sind die Überreste aus den Bom-
bennächten, weit mehr als eine Million Kubikmeter
Schutt, Trümmer, die Menschen unter sich begruben,
Häuser, die in Brand gerieten und zusammenstürzten, 40
Meter hoch nichts als Schutt und Asche – unvorstellbar.
Und das alles nur wenige Kilometer entfernt von der Kö-
nigstraße, in der heute nichts, aber auch gar nichts mehr
daran erinnert, wie es hier 1945 und noch Jahre danach
ausgesehen haben muß.
Dann – eher zufällig – kommt eine einfache Zeichnung
ins Blickfeld: Mit schwarzer Farbe ist auf einen Mauer-
rest der alten Villa eine Fliegerbombe gemalt, die mitten
in ein Herz trifft – mehr als tausend Inschriften sagt diese flüchtige Grafik aus. Sonnenuntergang auf dem Stuttgarter Trümmerberg, einer Gedenkstätte ganz anderer
Art als die anderen . . .

Der Hoppenlaufriedhof in Stuttgart

Im Jahr 1622 schenkte der Maurer Johann Kärcher dem
Stuttgarter Armenkasten ein Grundstück mit dem Flur-
namen »Hoppenlau«. Ob der Name etwas mit Hopfen zu
tun haben könnte, ist ungeklärt – auf jeden Fall waren es
feuchte Wiesen am Fuß eines Weinbergs außerhalb der
Stuttgarter Stadtmauer, die Kärcher da großzügig ver-
schenkte. Bereits vier Jahre später, im Jahr 1626, wurde
die Flur »Hoppenlau«, mit der man ohnehin nichts Rech-
tes anzufangen wußte, dringend benötigt: als Friedhof,
in dem massenweise die Pestopfer dieses Jahres bestattet
wurden. Über 100 Jahre lang war der Hoppenlaufriedhof
eine Begräbnisstätte für arme Leute, bis im Jahr 1750 der
Friedhof an der Hospitalkirche aufgegeben wurde und
nun zunehmend auch reiche und adelige Stuttgarter auf
dem Hoppenlaufriedhof ihre letzte Ruhe fanden. Die
Holzkreuze der Armen vermoderten und verschwanden,
und es kamen die gußeisernen Grabkreuze, die Grabsteine aus grünlichem Stuttgarter Sandstein, gelegentlich
auch welche aus Kalkstein oder Marmor.
Es entstanden regelrechte Denkmäler, wie das »Denkmal
der zärtlichen und ehrerbietigsten Liebe, gestiftet von

der hinterbliebenen Gattin und ihren Kindern dem treu-
en Gatten und guten Vater Jacob Friedrich Liesching,
welcher 1746 in dies sterbliche Leben eintrat und 1805 in
das unsterbliche Leben überging«. Es kam das Grabmal,
das der schmerzerfüllte Vater für seinen Sohn errichten
ließ: »Fühlende Herzen, flehet zu Gott für den Entschla-
fenen, von Alter und Schmerz gebeugt, 1839«, die Inschrift in fünf verschiedenen Sprachen, auf französisch,
englisch, italienisch, lateinisch und deutsch.
Hier liegt der kaiserlich-russische General neben dem
Stuttgarter Bäckermeister begraben, der Königlich-Württembergische Oberforstmeister neben der Geheimen Rä-
thin und dem Obertribunalrath – »Aus Gottes Hand in
Gottes Hand«.
Berühmt geworden ist der Hoppellaufriedhof aber vor
allem wegen der schwäbischen Dichter und Denker, die
hier begraben liegen, so Gustav Schwab, Wilhelm Hauff,
Christian Friedrich Daniel Schubart, der Mediziner Carl
Eberhard von Schelling, der Naturwissenschaftler Carl
Friedrich von Kielmeyer, der Bildhauer Johann Heinrich
Dannecker, ein Prinz von Hohenlohe-Langenburg, Mit-
glieder der Familie Berlichingen . . .
Unfaßbar, daß dieser Friedhof, der im Jahr 1882 aufgelas-
sen wurde, immer wieder in Gefahr geriet, bebaut oder
gar zugeschüttet zu werden (beispielsweise nach dem
Zweiten Weltkrieg, als allen Ernstes erwogen wurde, die
Stuttgarter Trümmer in dieser Senke zu deponieren).
1961/62 wurde der Friedhof anläßlich der Bundesgarten-
schau grundlegend umgestaltet und teilweise in einen
Park verwandelt, und erst im Jahr 1986 hat man ihn unter
Denkmalschutz gestellt, nachdem jahrelang darüber dis-
kutiert worden war, wie er zu retten sei, wie die Grabsteine vor der Verwitterung geschützt werden könnten und

wie eine Rettung überhaupt finanziert werden sollte. Auch die Spende eines anonymen Förderers in Höhe von 100 000 Mark reichte für den ganzen Friedhof nicht aus. Dank des Denkmalschutzes können nun alle 1600 Grabstellen nacheinander restauriert werden.

Auf diesem »Park-Friedhof« oder »Friedhofs-Park« gehen Tod und pulsierendes Leben einen merkwürdigen Kontrast ein: An den Grabmälern vorbei eilen morgens die Berufstätigen mit Aktenkoffern in der Hand und abends wieder zurück, Mütter und Großmütter schieben Kinderwagen vor sich her, und zwei Meter von der Friedhofsmauer entfernt steht das Studentenwohnheim, ein Hochhaus mit zig Balkonen, auf denen Fahrräder und Wäscheständer abgestellt sind, gegenüber ein Fabrikgebäude. Und ringsum Straßen, der Verkehrslärm, der durch die hohen alten Bäume dringt, ein Gegensatz nach dem anderen – und die meisten nehmen die Grabkreuze und Denkmäler nicht oder kaum zur Kenntnis.

Der aufmerksame Besucher aber wird sich seine Gedanken machen, wenn sein Blick auf den quaderförmigen Stein für Ludwig Friedrich von Stockmayer fällt, den 1837 gestorbenen Generallieutenant und Gouverneur von Stuttgart, neben Efeuranken die Aufschrift: »Nein! Die Liebe stirbet nicht« – nur zwei Meter entfernt von diesem Monument ein kleiner, bescheidener Grabstein, den man in der Masse leicht übersehen kann: das Grab des Musikers, Dichters und streitbaren Publizisten Christian Friedrich Daniel Schubart, gestorben 1791, der so lange auf dem Asperg eingekerkert war. Er ruht jetzt neben dem Königlich-Württembergischen Generallieutenant – ob sie sich wohl noch gekannt haben, der alte Schubart und der aufstrebende junge Offizier?

Eines der jüngsten Gräber ist ein Denkmal aus weißem

Marmor, nicht nur deshalb eine Besonderheit, sondern auch weil sich die Inschrift auf einen Krieg bezieht, der allgemein als glorreich in die Geschichte eingegangen ist und dessen Opfer vergessen sind. »Erich und Axel Grafen Taube, gefallen in der Schlacht bei Champigny, 3. Dezember 1870. Pflichtgehorsam, geliebte Kinder.« In der Nähe das Grab von Wilhelm Hauff: »Auch sie ruhen nur eine Weile«, dann, ein Stück weiter, der ab 1834 angelegte jüdische Teil des Friedhofs mit den hebräischen Inschriften auf den Grabsteinen. Mitten unter ihnen ein steinernes Buch, weiße Seiten aus Marmor, darauf von einem Unbekannten mit schwarzem Filzstift gekritzelt (falls es die Friedhofswächter nicht in der Zwischenzeit weggewischt haben): »Leben ist die größte Lüge, Liebe ist alles. Also habe ich den Wunsch, durch Liebe unvergänglich zu bleiben.« Stimmungen, Gefühle, Bekenntnisse, die ein Besuch auf dem Stuttgarter Hoppenlauffriedhof hervorrufen kann.

Die Grabkapelle auf dem Rotenberg in Stuttgart

Eines der bekanntesten Ausflugsziele an der Peripherie Stuttgarts ist mit Sicherheit der weithin sichtbare Rotenberg mit seiner Grabkapelle, der bis ins 19. Jahrhundert »Wirtemberg« hieß. Hier erhob sich einmal die Stammburg der Württemberger, die sich Konrad von Beutelsbach im 11. Jahrhundert hatte erbauen lassen und nach deren Standort er sich fortan nannte: Wirtemberg. Erst als im Jahr 1819 auf Befehl König Wilhelms I. die mehrfach zerstörte und immer wieder aufgebaute Burg – sehr zum Unwillen der Bevölkerung – endgültig abgebrochen wurde, nannte man den Berg nach der am Hang gelegenen Ortschaft, also Rotenberg. Und wie es der Volksmund nun einmal will, ließ sich bis auf den heutigen Tag nichts mehr daran ändern, und das, obwohl im Jahr 1907 per Erlaß König Wilhelms II. die ursprüngliche Bezeichnung »Württemberg« offiziell wieder eingeführt wurde: In und um Stuttgart ist der Rotenberg der Rotenberg geblieben, königlicher Erlaß hin oder her!
Die Grabkapelle mit dem goldenen Kreuz auf der kupfernen Kuppel, der die Burg weichen mußte, wurde in den Jahren 1820 bis 1824 auf Anordnung König Wilhelms I.

als letzte Ruhestätte für seine Gemahlin, Königin Katharina, erbaut, deren Wunsch es gewesen sein soll, auf dem Stammsitz der Württemberger begraben zu werden. Ausgerechnet sie, Katharina Pawlowna, die russische Großfürstin und Schwester Zar Alexanders I., geboren 1788 in St. Petersburg. 28 Jahre später wurde sie mit dem damaligen württembergischen Kronprinzen Wilhelm vermählt, der 1814 seine aus Gründen der Staatsräson geschlossene Ehe mit der bayerischen Prinzessin Charlotte Auguste hatte annullieren lassen. Katharina wurde noch im Jahr ihrer Eheschließung, in dem Wilhelm die Thronfolge antrat, zur Königin gekrönt. In der kurzen Zeit ihres Wirkens gründete sie eine Reihe von bis in die heutige Zeit hinein bedeutenden wohltätigen Einrichtungen, so das Katharinenstift, die Katharinenpflege und das Stuttgarter Katharinenhospital – außerdem die erste württembergische Landessparkasse. Schon drei Jahre nach ihrer Hochzeit, am 9. Januar 1819, starb die im Volk verständlicherweise so beliebte Königin. Sie hatte sich, so heißt es, beim Besuch des Neujahrsgottesdienstes eine schwere Erkältung, verbunden mit einer Gesichtsrose, zugezogen. Sie wurde zunächst in der Stuttgarter Stiftskirche beigesetzt. Die Gruft wurde im Jahr 1824 wieder geöffnet: Am 5. Juni geleiteten viele Menschen die sterblichen Überreste der Königin Katharina in einer feierlichen Prozession zur gerade fertiggestellten Kapelle auf dem Rotenberg.

Dort ruht sie zusammen mit ihrem Mann, dem 1864 gestorbenen König Wilhelm I., in einem marmornen Doppelsarkophag, auf dem das russische und das württembergische Wappen angebracht sind. In einem weiteren Sarkophag wurde 1887 die erste Tochter des Königspaares, Prinzessin Marie, bestattet. Wie groß die Trauer des

Königs über den Tod seiner Frau gewesen sein muß – in der damaligen Zeit der aus politischen Gründen geschlossenen Ehen eher ungewöhnlich –, bezeugt nicht nur die eigens für sie erbaute Grabkapelle, sondern auch die Tatsache, daß der König selbst sich hier und nicht an der Seite seiner späteren Frau, Pauline, begraben ließ. Auch die Inschrift über dem Portal der Grabkapelle zeugt von der Zuneigung des Königs: »Die Liebe höret nimmer auf.«

Beim Besuch der Kapelle, die leider in den Wintermonaten geschlossen ist und im Sommer nur zu recht touristenfeindlichen Zeiten ihre Pforten öffnet, sollte man das Auto im Ort Rotenberg stehen lassen und, zu Fuß den Württemberg hinaufgehend, den weiten Blick über Uhlbach, den Neckar und den Stuttgarter Kessel inmitten von Weinbergen genießen. Oben wird man von der Stille der Kapelle empfangen, der dämmrigen Gruft mit dem unwirklichen Widerhall der gedämpften Stimmen an den Sarkophagen. Wenn man dann wieder hinaustritt und den Blick über die Landeshauptstadt schweifen läßt, deren unbestimmbare Geräuschkulisse dumpf brodelnd heraufdringt, empfindet man den Gegensatz zwischen Gegenwart und Vergangenheit besonders plastisch, besonders kraß.

Max Schneckenburgers
Geburtshaus in Talheim

Bei Ortsunkundigen dürfte die Überraschung groß sein:
Mitten im Dorf Talheim im Landkreis Tuttlingen steht
auf einem gepflasterten Platz ein gelb-orange gestriche-
nes schönes Haus mit grünen Fensterläden. Und über
der Eingangstür prangt eine ovale Tafel mit dem Abbild
eines Mannes in mittleren Jahren: »Zur Erinnerung an
den Dichter der Wacht am Rhein, Max Schneckenburger,
geboren in diesem Hause am 17. Februar 1819.« Ausgerechnet hier, weit vom Rhein entfernt, ist der Dichter der
»Wacht am Rhein« geboren worden. Soll man sich nun
freuen, dieses Geburtshaus mehr oder weniger zufällig
entdeckt zu haben, sollte es überhaupt eine Erinnerungs-
stätte für diesen Max Schneckenburger geben, sind nicht
mit seinem Lied auf den Lippen Zigtausende deutsche
Soldaten in den Krieg gezogen und gefallen? Und muß
vor dem Haus in Talheim unbedingt eine Germania-
statue stehen?
Zur Beantwortung dieser Fragen sollte man hineingehen
in dieses Haus, das übrigens auch das Heimatmuseum
von Talheim ist. Denn hier wird man von einem Mu-
seumsbetreuer recht schnell darüber aufgeklärt, daß man

die »Wacht am Rhein« nur verstehen kann, wenn man seine Entstehungszeit berücksichtigt. Max Schneckenburger, 1819 in Talheim geboren, ging nach dem Besuch der Realschule in Herrenberg nach Bern und machte dort eine kaufmännische Lehre. Anschließend trat er in Burgdorf bei Bern in eine Eisengießerei ein, brachte es dort in kürzester Zeit bis zum Betriebsleiter, heiratete, hatte drei Söhne und eine Tochter und starb im Alter von nur 30 Jahren, am 3. Mai 1849. Begraben wurde er in Burgdorf.

Dieser Mann, der so schnell Karriere gemacht hatte, litt in der Schweiz unter großem Heimweh nach Deutschland. Immer wieder traf er sich mit anderen Bürgern und diskutierte mit ihnen über die – damals besonders verworrene – Lage, über die Kleinstaaterei, über die Kleingeisterei in den einzelnen Staaten, über die Händel mit Frankreich und das linke Rheinufer. Nach einem solchen Abend voller Diskussionen und Erinnerungen schrieb Max Schneckenburger innerhalb einer Nacht die »Wacht am Rhein« – mehr aus Kummer über die im deutschen Reich herrschenden Verhältnisse, als Aufruf an die Splitterstaaten, sich doch endlich zu einigen, nicht als Kriegserklärung an den Nachbarn, auch wenn uns die Verse reichlich martialisch in den Ohren klingen: »Es braust ein Ruf wie Donnerhall, / Wie Schwertgeklirr und Wogenprall: / Zum Rhein, zum Rhein, zum deutschen Rhein, / Wer will des Stromes Hüter sein? Lieb Vaterland, magst ruhig sein, / Fest steht und treu die Wacht am Rhein.« Man muß dieses Gedicht in der Sprache seiner Zeit verstehen und anerkennen, daß Max Schneckenburger eben nicht der große Säbelraßler war, als der er später oft hingestellt worden ist. Das beweist auch sein Eintreten für die Menschenrechte, für die Pressefreiheit, seine Ablehnung der Todesstrafe: »Todesstrafen sind eine Bar-

barei, die sich mit der Gesittung und Aufklärung unsres Zeitalters schlecht vertragen und wenn es gleich noch einen Kampf kosten mag, über kurz oder lang verschwinden müssen.«

Erst lange nach dem Tod Schneckenburgers, der auch viele heitere und besinnliche Gedichte geschrieben hat, wurde die »Wacht am Rhein« berühmt. Der Musikdirektor Karl Wilhelm hatte ihr eine schmissige Melodie verpaßt, und die »Wacht am Rhein« wurde zur Hymne der deutschen Soldaten im Krieg 1870/71 gegen Frankreich. Ein Lied, von dem Bismarck später gesagt hat, es habe mehr zum Siegeswillen der Deutschen beigetragen als drei ganze Armeekorps. Ein Musterbeispiel dafür, wie leicht ein Text mißverstanden und folgenschwer mißbraucht werden kann.

Max Schneckenburger war nun berühmt, seine Witwe erhielt einen »Ehrensold« von jährlich 1000 Mark, in Tuttlingen wurde zu Ehren des »großen Sohns«, der ja eigentlich ein Nachbar war, eine meterhohe Germania aufgestellt. Der Leichnam Max Schneckenburgers wurde 1886 von Burgdorf in seine Heimat Talheim überführt und dort in einer Gruft beigesetzt, so daß sich endlich, 37 Jahre nach seinem Tod, der Wunsch erfüllte, den Max Schneckenburger in einem seiner Gedichte ausgedrückt hat: »Wenn ich einmal sterben werde, / weit von meinem Vaterland, / legt mich nicht in fremde Erde, / bringt mich nach dem heimschen Strand!«

Das Pumpwerk in
Teuringshofen

Etwas »hintendrüben« steht in dem kleinen Ort Teuringshofen im Schmiechtal ein Häuschen mit gelber Fassade an einem mit Gras bewachsenen Kanalbett. Es stellt
nicht eben viel dar und macht überdies einen recht her-
untergekommenen Eindruck. Ein Schild »Betreten sowie
Schuttabladen verboten« läßt auf die heute verbreitete
Zweckentfremdung ungenutzter Grundstücke und Gebäude schließen, ein weiteres, älteres Schild untersagt
den Zutritt noch einmal: »Rauchen und Zutritt mit Licht
verboten.« Warum dieses kategorische Verbot? Ein Gang
um das vernachlässigte Gebäude bringt schließlich einige Aufklärung. Ein drittes Schild, an einer Hauswand angebracht, verkündet: »Alb-Wasserversorgung, 8te Gruppe, Justingen/Ingstetten/Hausen, 1870.«
Jetzt beginnt es dem heimatgeschichtlich halbwegs be-
wanderten Besucher zu dämmern: Das hier ist der Beginn der Albwasserversorgung, die erste Pumpstation,
die Wasser auf die wasserarme Alb gepumpt hat. Man
steht vor einem historischen Jahrhundertprojekt, dessen
Verwirklichung damals heftig angezweifelt wurde. In
dem seinerzeit vielgelesenen Buch »Der Schultheiß von

Justingen« wird der Bau der ersten Wasserversorgungsgruppe detailliert geschildert. Der Autor Josef Weinberg
beschreibt, wie groß die Not auf der Alb war: »Naß ist
Naß, und Durst ist Durst! Das ist die Not, ist des Teufels
Hand... auf der ganzen Alb... Sie haben alle davon
einen harten, vergrämten Zug um den Mund, diese Älbler, und gefurchte Stirnen, längst ehe der Bauer im Un-
terland solche Sorgenrunen im Gesicht trägt.« Und noch
in der Beschreibung des Oberamts Münsingen von 1912
ist zu lesen, wie schlimm es nur wenige Jahrzehnte zuvor
auf der Alb noch gewesen war: »In früheren Zeiten wurde jeder Tropfen Regenwasser angesammelt und aufge-
speichert, um damit die allernotwendigsten Bedürfnisse
befriedigen zu können, die noch allerwärts vorhandenen
Hülben oder Hülen reden eine deutliche Sprache... in
trockenen Zeiten versagten jedoch meist auch diese. Besonders schlimm war es um die Gemeinden in Brandfäl-
len bestellt. Der in den gleichzeitig als Feuersee dienen-
den Hülen aufgespeicherte Vorrat war in kurzer Zeit ver-
braucht, und man stand dann machtlos dem verheeren-
den Element gegenüber.« Auf der aus Karstgestein bestehenden Alb versickerte das Regenwasser in den vielen
unterirdischen Spalten und Höhlensystemen. Brunnen
gab es auf der Hochfläche praktisch nicht, nur die Hülen,
eine Art großer Pfützen, oft mit Lehm abgedichtet, mit
einem Wasser, das diese Bezeichnung kaum verdiente.
Denn in die Hüle floß alles: Gülle, Oberflächenwasser
von den Kalkstraßen, eine Brühe, aus der Mensch und
Vieh tranken. Hier stand das »Wasser« oft wochenlang,
bis es wieder regnete, eine stinkende, unappetitliche Mi-
schung, eine ideale Brutstätte für Krankheiten, denen
Menschen und Vieh oft genug zum Opfer fielen. Die Bewohner der Dörfer auf der Hochfläche halfen sich mit

Wassertransporten: Sie spannten ihre Ochsen vor den mit einem Güllefaß beladenen Wagen und holten sich das Wasser beispielsweise im Schmiechtal, um dann unendlich langsam den steilen Weg hoch zu ihrem Dorf Justingen oder Ingstetten zu nehmen. Das konnte man natürlich nicht jeden Tag machen, schließlich hatten die Bauern andere Dinge auf den steinigen Äckern und in den Ställen zu schaffen. Es war also wirklich schlimm mit dem Wasser auf der Alb.

Diese ausführliche Schilderung soll illustrieren, wie groß der Fortschritt war, den der Königlich-Württembergische Baurat Karl Ehmann und der Schultheiß von Justingen, Anton Fischer, auf die Alb brachten, soll deutlich machen, daß diese beiden Männer tatsächlich ein Jahrhundertprojekt realisierten. Pläne, Wasser auf die Alb zu pumpen, hatte es schon früher gegeben, doch waren sie immer wieder an finanziellen und technischen Problemen gescheitert. Die armen Albgemeinden hatten einfach nicht die Mittel, Wasser von einem Pumpwerk durch Leitungen fast 200 Meter hoch auf die Hochfläche befördern zu lassen. Zudem wurden an die Ingenieure ganz neue technische Anforderungen gestellt. Klar, daß da nicht alle Älbler bereit waren, das Wagnis mitzumachen. Es kam zu langwierigen Auseinandersetzungen zwischen den in zwei Lager gespaltenen Dorfbewohnern, den »Nassen« und den »Trockenen«. Es war das Verdienst des Tierarztes und Schultheißen Anton Fischer, daß die Lager schließlich doch zusammenfanden und sich überdies mit Ingstetten und Hausen zu einer Wasserversorgungsgruppe zusammenschlossen, da ein Dorf allein es einfach nicht schaffen konnte.

Viele sind ihrem Beispiel gefolgt – drei, vier, fünf Nachbardörfer haben sich zu neuen Wasserversorgungsgruppen zusammengeschlossen. Das erste Pumpwerk der ersten Gruppe (die irreführenderweise die Bezeichnung »Gruppe 8« erhalten hat), das Ingstetten, Justingen und Hausen mit frischem Wasser versorgte, ist nun das bescheidene kleine und so verwahrloste Häuschen in Teuringshofen im Schmiechtal, das im Jahr 1871 den Vollbetrieb aufgenommen hat. Es ist heute fast unvorstellbar, was das für ein Fest gewesen sein muß, als die Menschen in Justingen zum erstenmal in ihrem Leben frisches Wasser bekamen, heraufgefördert vom Schmiechtal über das Pumpwerk auf die Alb. Das Häuschen in Teuringshofen hätte mehr verdient als nur diese schlichte Tafel mit der Aufschrift »8te Gruppe« und das Schild »Betreten verboten«. Auch der Grabstein Anton Fischers, des Schultheißen von Justingen und späteren Stadtschultheißen von Schelklingen, sollte darauf verweisen, was die Schwäbische Alb diesem Mann zu verdanken hat. Auf dem Schelklinger Friedhof steht ein Stein mit den Namen Anton Fischers und seiner Frau Maria, aber kein Hinweis auf die Leistung dieses Mannes, der vor über hundert Jahren auf der Alb ein neues Zeitalter eingeleitet hat – heute ist es für uns eine Selbstverständlichkeit, das fließende frische Wasser, das dort damals eine Sensation war.

Der Hölderlinturm in Tübingen

Er war schon zu seinen Lebzeiten eine Legende, die Tübinger Studenten pilgerten zu ihm, dem geisteskranken Genie, der als Pflegefall im Haus des Schreinermeisters Ernst Zimmer lebte: Johann Christian Friedrich Hölderlin. Heute ist das Haus des Schreinermeisters ein Museum, eine Gedenkstätte für den so schwer zugänglichen Dichter. Wer auf der Neckarbrücke in Tübingen stadteinwärts geht, braucht nur den Blick nach links, über den Neckar zu wenden, und schon kommt Friedrich Hölderlins Domizil seiner letzten 36 Lebensjahre ins Blickfeld: ein gelbes Häuschen, direkt am Neckar, mit einem Turm an der Seite, dem »Hölderlinturm«. Hier hat er von 1807 bis zu seinem Tod im Jahr 1843 gelebt, gegrübelt, geschrieben und Besucher empfangen: Friedrich Hölderlin, der Dichter des »Hyperion«, der Hymnen und Oden, der Übersetzer griechischer Dramen, der nie in Griechenland war, der sich als Student, mit Hegel und Schelling befreundet, für die Französische Revolution begeistert hatte.

Obwohl das originale Hölderlinhaus 1875 bis auf den ersten Stock niederbrannte – es wurde bald darauf in der

jetzigen Gestalt wieder aufgebaut –, meint man die jahr-
zehntelange Anwesenheit des Dichters zu spüren. Das
Haus ist renoviert, freundlich hergerichtet, die Hölder-
lingesellschaft zeigt hier nicht nur eine ständige Ausstellung zu Leben und Werk Hölderlins, sondern hat auch
das Turmzimmer mit Bildern und Handschriften des
Dichters und mit zeitgenössischen Möbeln ausgestattet.
Der Blick aus dem Turmfenster auf den Neckar und die
Platanenallee auf der anderen Seite ist – vor allem im
Frühjahr – wunderschön, und dennoch: Überall ist die
Krankheit des Dichters gegenwärtig, seine Schwermut,
die Ausweglosigkeit seiner Lebenssituation. Vielleicht
liegt es auch an dem in Sütterlinschrift auf die Fassade
gesprühten Satz »Der Hölderlin ist nicht verrückt!«, den
man beim Betreten des Hauses unweigerlich aufnimmt,
von dem man sich eingestimmt fühlt?

Was war mit dem so hoffnungsvollen jungen Dichter,
der Herder und Goethe kannte, der auf Empfehlung von
Schiller im Alter von erst 24 Jahren beim Verleger Cotta
seinen noch unvollendeten »Hyperion« unterbringen
konnte? An Schwermut habe er gelitten, an ständig zu-
nehmender geistiger Umnachtung, berichten seine Zeitgenossen. So schreibt der Philosoph Schelling einerseits
von »vollkommener Geistesabwesenheit«, andererseits
von Hölderlins Reden, die »weniger auf Verrückung«
hinweisen. Sein Freund Isaak von Sinclair, der ihn 1804
zu sich nach Bad Homburg geholt und ihm dort die leich-
te Arbeit eines landgräflichen Hofbibliothekars ver-
schafft hatte, teilte Hölderlins Mutter im August 1806
mit, der Freund könne nicht mehr in Homburg bleiben,
da sein »Wahnsinn eine sehr hohe Stufe erreicht« habe.
Im September ließ die Mutter den Sohn – gegen seinen
Willen – abholen und in das neue, von Professor Johann

Autenrieth geleitete Tübinger Klinikum bringen, wo er zeitweilig auch von dem jungen Mediziner Justinus Kerner betreut wurde. 231 Tage lang, bis zum 3. Mai 1807, wurde Hölderlin dort behandelt, doch trat keine Besserung ein.

Der Schreinermeister Zimmer, der in seinem Haus auch an Studenten vermietete, nahm den Pflegefall Hölderlin auf und gab ihm eine Bleibe im Turm. Eine ungewöhnliche Wohnung, so ungewöhnlich wie der Patient, der von nun an bis zu seinem Tod in diesem Erkerzimmer leben sollte – mit dem weiten Ausblick über die Neckarlandschaft, die er in seinen Gedichten immer wieder beschwor.

Die Briefe, die der treue und mitfühlende Schreinermeister an Hölderlins Mutter schrieb, geben Aufschluß über den Zustand des Kranken – so berichtete er 1812: »Vor zehn Tagen war er nachts sehr unruhig, lief in meiner Werkstatt umher und sprach in der größten Heftigkeit mit sich selbst. Ich stand auf und fragte, was ihm fehle. Er bat mich aber, wieder ins Bett zu gehen und ihn allein zu lassen, sagte dabei ganz vernünftig: ›Ich kann im Bett nicht bleiben und muß herum laufen. Sie alle können ruhig sein, ich tue niemand nichts, schlafen Sie wohl, bester Zimmer.‹ Dabei brach er das Gespräch ab.« Oder 1814: »Ihr lieber Hölderle ist so brav, daß man ihn nicht besser wünschen kann ... wie sehr ist es ihrem lieben Hölderle zu gönnen, daß er keine wilden Anfälle mehr hat und er so heiter und zufrieden lebt.«

Doch »so heiter« lebte Hölderlin nicht lange, sein Zustand wechselte, und spätestens nach dem Tod seiner Mutter im Jahr 1828 kam es zu einer drastischen Verschlechterung. Die wachen Momente wurden seltener, immer öfter und immer länger dämmerte er vor sich hin, doch »daß Hölderlin zuweilen seinen Zustand fühlt, ist keinem Zweifel unterworfen«, schreibt der Schreinermeister 1835. Die Tübinger Studenten pilgerten nach wie vor zu ihm in den Turm – er war ihr Idol, war für sie der »strahlendste Stern am deutschen Dichterhimmel«. Sie bewunderten ihn, waren fasziniert von der Tragik des berühmten Dichters, der sich seines Ruhms nicht bewußt war.

Am 7. Juni 1843 starb Friedrich Hölderlin. Als er am 10. Juni auf dem Tübinger Friedhof zu Grabe getragen wurde, folgten etwa hundert Studenten seinem Sarg. Ein Jahr später ließ ihm sein Halbbruder Karl Gok einen Grabstein setzen, auf dem die Verse aus Hölderlins frühem Gedicht »Das Schicksal« zu lesen sind:

> »Im heiligsten der Stürme falle
> Zusammen meine Kerkerwand,
> Und herrlicher und freier walle
> Mein Geist in's unbekannte Land!«

Das Tübinger Stift

Der eine, Friedrich Hölderlin, wollte austreten, lieber heute als morgen, und schrieb dazu an seine Mutter: »Soll ich einst sagen müssen, meine Universitätsjahre verbitterten mir das Leben auf immer?« Ein anderer, der evangelische Landesbischof Hans von Keler, hat anläßlich der 450-Jahr-Feier 1986 das Stift »eine Stätte der Wahrhaftigkeit und Gottesbegegnung« genannt. Bedingung für die Aufnahme ins Tübinger Stift ist heute erstens ein Wohnsitz im Württembergischen, zweitens ein Abitursnotendurchschnitt von besser als 2,0, drittens eine bestandene Aufnahmeprüfung in Religion, außerdem ein mindestens halbjähriges kirchliches Vorpraktikum und Kenntnisse in Latein, Griechisch und Hebräisch. Wer all diese Bedingungen erfüllt, zieht als eine(r) der jährlich 36 neuen Stiftler in die renommierte evangelische Pfarrerausbildungsstätte, das Tübinger Stift, ein. Und was hat hier nicht schon alles an schwäbischen Köpfen und Genies studiert – die Liste der berühmten Namen ist lang: außer Hölderlin seine Zimmergenossen Hegel und Schelling, dann Vischer, Kurz, Kepler, Frischlin, Schwab, Mörike und viele andere, die freilich wäh-

157

rend ihrer Studienjahre beim Ephorat, der Leitung des Stifts, nicht immer auf große Begeisterung stießen: beispielsweise der spätere evangelische Landesbischof Martin Haug, der als »nur beschränkt für den Pfarrdienst geeignet« charakterisiert, oder der Stiftler Schelling, dessen Predigt als »genial, aber unbiblisch« beurteilt wurde.

Nach wie vor ist es ein großer Unterschied, ob man in Tübingen zu den 150 Stiftlern gehört oder zu den »normalen« Theologiestudenten. Denn während die einen selbst Zimmer mieten, häufig für den Lebensunterhalt nebenher arbeiten und sich mit anderen zum Pauken zusammenfinden müssen, geht im Stift fast alles wie von selbst. Die 150 Auserwählten, zu denen seit dem Jahr 1972 auch Frauen gehören, bekommen ihr Essen im Stift, ihr Zimmer wird in Ordnung gehalten, sie bekommen Geld für Bücherkäufe, haben die Gelegenheit, mit sogenannten Repetenten kostenlos den Stoff noch einmal durchzupauken, bedienen sich in einer stiftseigenen Bibliothek und genießen den Luxus kostenlosen Klavier- und Orgelunterrichts.

Ausgerechnet auf den ansonsten in der württembergischen Geschichte so berüchtigten Herzog Ulrich, den seine Untertanen – für immerhin 15 Jahre – aus seinem Land verjagt hatten, geht diese traditionsreiche Einrichtung zurück. 1536 gründete der zum evangelischen Glauben übergetretene Herzog das Stift als theologisch-wissenschaftliche Bildungsanstalt, die von Anfang an eng mit der Tübinger Universität zusammenarbeiten und einer Anzahl von Landeskindern eine Ausbildung angedeihen lassen sollte, damit sie »mit der Zeit zu Predigern, Diakonen und Schulmeistern erfordert und berufen werden können«. Der Landtagsabschied von 1583, in dem das Stift als »Pflanzgarten der Kirchen Gottes« bezeichnet wurde, bekräftigte den Ansatz des Gründers, eine geistliche Elite heranzuziehen.

Zahlreiche Bücher sind über das Stift, über die prominenten »Stiftler«, über seine Auswirkungen oder eben Vielleicht-doch-nicht-Auswirkungen auf das schwäbische Geistesleben geschrieben worden, auch darüber, wie streng die württembergischen Landesherren ins Stiftsleben hineinregierten, wie zum Beispiel während der Französischen Revolution die Hausordnung verschärft wurde, wie Pietismus und orthodoxer Protestantismus miteinander kämpften und sich auch abwechselten, wie ausgerechnet hier (so heißt es im Bericht über eine Visitation von 1777) »Mangel an wahrer Gottesfurcht und daraus entspringendes rohes, ungesittetes und irreligiöses Wesen« an der Tagesordnung gewesen sein sollen, welche Zahl von berühmten Köpfen im Stift gelitten oder von ihm profitiert hat – vielleicht auch abhängig von der Zeit, in der sie im Stift studierten?

Wenn man mitten in Tübingen vor der Fassade des evangelischen Stifts steht und sich das alles durch den Kopf gehen läßt, fragt man sich unwillkürlich, welches noch unbekannte Genie vielleicht in eben diesem Augenblick hinter einem der Fenster den Kopf in die Bücher steckt – eine Vorstellung, die den heutigen Stiftlern übrigens durchaus zu schaffen macht. So meinte einer von ihnen während der 450-Jahr-Feier des Stifts, es sei auf die Dauer nicht eben angenehm, fast jede Woche von einem Journalisten gefragt zu werden, was es denn für ein Gefühl sei, im Zimmer eines Hegel zu wohnen und zu studieren.

Die Tuninger Soldatentanne

Ganz einsam und verlassen steht sie da, Tausende fahren
täglich in ihrer unmittelbaren Nähe vorbei, und dennoch
nimmt sie mit Sicherheit keiner der Autofahrer wahr, die
auf der Bodenseeautobahn A 81 in Richtung Singen oder
Stuttgart vorbeirasen: die Tuninger Soldatentanne. Sie
steht etwa 100 Meter von der Autobahn entfernt, ziemlich nah am Waldrand in zirka 750 Meter Höhe auf der
rauhen Hochfläche der Baar bei der Abfahrt Tuningen.
Sie ist auch nicht eben attraktiv, eher kümmerlich, nicht
einmal gerade gewachsen und sieht eigentlich fast wie
ein Symbol für das Baumsterben aus, ganz zu schweigen
davon, daß sie gar keine Tanne ist, sondern – wie so oft,
wenn wir von einer Tanne sprechen – eine Fichte. Früher
war sie ein Naturdenkmal, die Tuninger Soldatentanne,
galt als Wahrzeichen des Ortes, war auf vielen Landkar-
ten vermerkt und im weiten Umkreis bekannt – damals,
als es noch keine Autobahn gab, als der Baum noch frei
in der Landschaft stand . . .
Was aber hat es auf sich mit der Bezeichnung Soldatentanne? Das wissen heute nur noch wenige, nicht einmal
mehr alle Tuninger. Es muß zur Zeit der Napoleonischen

Kriege gewesen sein, um das Jahr 1805, als in der Gegend von Tuningen eine österreichische Armee-Einheit lag, wahrscheinlich zum Schutz vor den Franzosen, die schon bei Freiburg standen. In dieser österreichischen Einheit gab es einen einfachen Soldaten, der, aus welchen Gründen immer, ziemlichen Ärger mit seinen Vorgesetzten auszustehen hatte. Bei jeder sich bietenden Gelegenheit wurde er von ihnen schikaniert. Das Resultat: der Soldat desertierte – und das auch noch zum Feind, zu den Franzosen nach Freiburg, ein Vergehen, auf das die Todesstrafe stand. Doch so schnell hätten die Österreicher ihn nicht gekriegt – zumal die Franzosen eine Schlacht nach der anderen für sich entschieden –, wenn der Ärmste nicht eine Liebste in Tuningen zurückgelassen hätte. Die Liebe beziehungsweise der Trennungsschmerz muß so groß gewesen sein, daß er sich zu einem nächtlichen Besuch bei der Angebeteten in Tuningen entschloß. Doch stieß seine Liebe offenbar schon nicht mehr auf Gegenliebe, denn das Mädchen hatte sein Kommen bereits den Österreichern verraten. Und so wurde der Deserteur festgenommen, verhört und anschließend zum Tode verurteilt. Zur Exekution wurde er aus dem Dorf auf ein Feld unweit von Tuningen geführt, wo man ihn erschoß und auch begrub.
Die verräterische Freundin freilich muß sich die ganze Geschichte hinterher doch zu Herzen genommen haben: Jedenfalls soll sie, so heißt es zumindest im Volksmund, kurze Zeit nach dem traurigen Ende ihres verratenen Geliebten vor Kummer und Reue gestorben sein.
An der Stelle, an der der junge Soldat von seinen ehemaligen Kameraden erschossen und begraben wurde, pflanzten die Dorfbewohner zur Erinnerung an das Geschehen eine Tanne: die Tuninger Soldatentanne.

Der Dichter Max Schneckenburger aus dem benachbarten Talheim hat übrigens ein Gedicht über die Tuninger Soldatentanne geschrieben: »Die Büchse knallt. Man senkt ihn hinab. / Die Tanne bedeckt eines Soldaten Grab.« Da er fast ein Zeitgenosse jenes Soldaten war, ist anzunehmen, daß mit diesen Zeilen eine im Kern wahre Geschichte beschrieben wird, die damals in aller Munde war.

Die Tuninger Soldatentanne muß früher tatsächlich ein mächtiger Baum gewesen sein, weithin sichtbar, bis sie, weit über hundert Jahre alt, Ende der dreißiger Jahre vom Blitz getroffen und zerstört wurde. Weil sich einige der Tuninger Gemeinderäte noch daran erinnerten, daß man in den Jahren nach 1920 an dieser Tanne, also am Originalschauplatz, ein ergreifendes Theaterstück um den armen Soldaten und seine verräterische Geliebte aufgeführt hatte, wurde auf ausdrücklichen Beschluß des Rates im Jahr 1940 an der Stelle der alten Tanne eine neue gepflanzt. Die ging freilich wenig später ein und wurde nach einiger Zeit von traditionsbewußten Bürgern durch eine neue – Fichte – ersetzt. Doch auch dieser dritten Soldaten»tanne« wurde von der Natur übel mitgespielt – ein Raubvogel muß dem jungen Bäumchen irgendwann den Spitzentrieb abgehackt haben, so daß es nun seitwärts austrieb und so seine etwas mitleiderregende Gestalt erhielt. Oder ist es gar der hier begrabene, so unglücklich umgekommene junge Soldat, der einfach keine andere Tanne über sich ertragen will als die erste, die vom Blitz gefällt worden ist?

Die Vogelherdhöhle

Die Höhle selbst ist eigentlich kaum der Erwähnung wert, eine Felsenhalle, wie sie auf der Alb häufig vorkommt, und doch war ihre Entdeckung durch den Heidenheimer Heimatforscher Hermann Mohn im Mai 1931 ein großer Tag für die Archäologie: Die Rede ist von der Vogelherdhöhle im Lonetal auf der Ostalb. Noch im selben Jahr wurde sie von dem Tübinger Geologen Gustav Riek genauer untersucht, der hier einzigartige Zeugnisse der menschlichen Frühgeschichte entdeckte. Riek förderte die ältesten Kunstwerke der Menschheit, wie man sie bald nannte, ans Tageslicht: elf Tierfiguren aus Knochen und Elfenbein, deren Alter sich zwischen 30000 und 32000 Jahren bewegt. Die nur wenige Zentimeter großen Figuren stellen Mammute dar, einen Bison, einen Löwen und – die mit Abstand schönste Schnitzerei, die jedem neuzeitlichen Künstler zur Ehre gereichen würde – ein Wildpferd. Zumindest in dieser Hinsicht mußte das gängige Bild vom Leben der sogenannten Cro-Magnon-Menschen korrigiert werden: Daß diese Jäger, die den Mammutherden nachzogen und zeitweilig in den Höhlen der Alb kampierten, die Fähigkeit besaßen, so kunstvolle Figuren zu schnitzen, hätte vor diesem Fund niemand auch nur im entferntesten für möglich gehalten. Ob sie die Tiere, die sie aus den Knochen und dem Elfenbein der von ihnen erlegten Mammute schnitzten, lediglich abbilden wollten oder ob diese Abbilder der Beschwörung des Jagdglücks dienten, läßt sich nicht mehr klären. Da die Figürchen teilweise mit Ösen versehen sind, könnten sie von den Menschen an der Kleidung befestigt oder an einer Art Kette um den Hals oder den Arm getragen worden sein – der erste künstlerische Schmuck der Menschheit? Was die Kerben und meist kreuzförmigen Ritzungen auf den Tierfiguren darstellen, ob sie eine Andeutung von Fell oder vielleicht sogar eine Art primitiver Zeichenschrift sind, wie Tübinger Urgeschichtler bereits vermutet haben, wird sich wohl kaum mehr klären lassen.

Daß die Figuren Zigtausende von Jahren überdauert haben, ist zum einen dem Schutz der Vogelherdhöhle und ihres Bodens, zum anderen der relativen Haltbarkeit des Elfenbeins zu verdanken. Um diese Kunstwerke auch weiterhin vor dem Zerfall zu bewahren, bedarf es allerdings besonderer Maßnahmen, zumal die Figuren nach ihrer Entdeckung vom Ausgräber Riek nicht eben optimal gelagert wurden: Seit einigen Jahren liegen sie, vor Schwankungen von Temperatur und Luftfeuchtigkeit geschützt, in einer Vitrine, die der Universität Tübingen von einem Hamburger Kunstsammler gestiftet worden ist.

Fast 50 Jahre lang, bis zum Jahr 1979, galten die Vogelherd-Figuren als einzigartig auf der Welt – dann erhielten sie Konkurrenz in Gestalt eines 3,8 x 1,4 cm großen Elfenbeinplättchens, das der Tübinger Urgeschichtler Joachim Hahn bei Ausgrabungen im sogenannten »Gei-

ßenklösterle«, einer Höhle bei Blaubeuren, gefunden hatte. Darauf ist deutlich ein Mensch mit erhobenen Armen zu erkennen, und weil man sein Alter ebenfalls auf 32 000 Jahre schätzt, gilt es als weltweit älteste bekannte Darstellung eines Menschen. Gustav Riek, der »Ausgräber vom Lonetal«, wäre über diese Konkurrenz für seine Tierfiguren kaum sonderlich glücklich gewesen, zumal er im Lauf der Jahre ein sehr enges Verhältnis zu ihnen entwickelt hatte. Er soll, erzählt man sich, mit einer Pistole bewaffnet nach Münsingen auf die Schwäbische Alb gefahren sein, um die Figuren im Tresor einer Bank einschließen zu lassen. Nur er persönlich durfte die Figuren – mit der erwähnten Waffe als Schutz – durchs Land transportieren. Im Frühjahr 1945, am Ende des Zweiten Weltkriegs, konnten die Figuren nur deshalb vor den in Tübingen einmarschierten Franzosen verborgen werden, weil eine Sekretärin sie rasch aus der Schublade nahm und flink in ihrem Ausschnitt versteckte. Wie intensiv aber die Bindung Rieks an seine Funde war, schildert am besten die folgende Episode: Riek soll eines Tages gesagt haben, man solle ihm nach seinem Tode die Vogelherd-Figuren mit ins Grab geben. Nur der dezente Hinweis eines Kollegen: »Dann haben wir dich aber schon in einer Stunde wieder ausgegraben, Gustav«, soll ihn – und die Nachwelt – vor der Verwirklichung dieser Idee bewahrt haben.

Das Bürgle von Wehingen

Das sogenannte Bürgle von Wehingen auf dem Heuberg ist kein wehrhaftes Gemäuer, sondern eine Kapelle, nicht einmal eine sehr alte, zu der hinaufzusteigen sich aber dennoch lohnt. Und das nicht nur der schönen Aussicht wegen, die man von hier auf Wehingen und Gosheim hat, sondern auch wegen der hübschen Geschichte, die mit dem Bürgle verknüpft ist. Es kann sein, daß auf dem früher kahlen Bergkegel gleich in der Nachbarschaft des Lembergs, des mit 1015 Metern höchsten Bergs der Schwäbischen Alb, im Mittelalter eine wehrhafte Anlage gestanden hat; darauf deutet auch der Name der benachbarten Flur hin, der auf »Burgstall« endet. Groß kann die Anlage allerdings nicht gewesen sein, denn soviel Platz bietet die Bergkuppe nicht, und außerdem hätten die Hohenberger auf dem nahen Oberhohenberg und die Ortsadligen von Wehingen der Konkurrenz da oben sicher schnell den Garaus gemacht. Möglich, daß hier eine Art Beobachtungsposten hochgezogen war, vielleicht auch mit einer Schlafgelegenheit für die Turmwächter versehen, doch das alles ist Spekulation und sollte deshalb nicht weiter vertieft werden. Tatsache dagegen ist, daß

hier auf diesem kahlen Berg im Jahr 1889 von der We-
hingerin Walburga Narr, die später in die Vereinigten
Staaten auswanderte, eine Kapelle gestiftet wurde, eben
das »Bürgle«. Diese Stiftung soll, so heißt es in Wehingen, mit einem Gelübde verbunden gewesen sein, das
die Walburga Narr abgelegt habe. Genaues weiß man
nicht, es wird halt so gemunkelt in Wehingen – und
das schon seit immerhin fast einhundert Jahren.
Weder die Ausstattung noch die Architektur der Kapelle ist sonderlich spektakulär – eine Kapelle halt wie
viele andere auch. Ein Kreuzweg führt um den Berg
herum hinauf zum Bürgle. Am Parkplatz unten steht
zwischen zwei Bäumen ein steinernes Kreuz mit der
Inschrift »Es ist kein Heil als unterm Kreuz zu finden«,
alles hübsch anzuschauen, aber nicht unbedingt der Erwähnung wert.
Das Besondere an dieser Kapelle ist, daß sie als eines der
ganz wenigen Gebäude in Deutschland um 180 Grad ge-
dreht worden ist, das heißt, die Eingangstür liegt seit Anfang dieses Jahrhunderts im Osten – bei der Einweihung
lag sie noch im Westen. Dieses Drehen der Kapelle hatte
einen ganz einfachen Grund. Weil die Bergkuppe durch
die intensive Schafbeweidung damals völlig kahl war,
hatte die neu erbaute Kapelle auf einem der höchsten
Punkte der Schwäbischen Alb unter den Einflüssen von
Wind und Wetter besonders zu leiden. Vor allem der
Eingangsbereich wurde schnell in Mitleidenschaft gezogen, und so entschloß sich der damalige Pfarrer zu der
einmaligen Aktion, das Bürgle einfach umzudrehen und
den Eingang aus der Hauptwetterrichtung zu nehmen.
Sinnigerweise hieß der Pfarrer Dreher, und so hatte er
auf dem Heuberg schnell seinen Spitznamen weg: Statt
»drehen« sagt man hier oben »drillen«, und weil er das

Bürgle hatte drehen lassen, nannte man ihn künftig nur noch den »Bürgle-Driller«.

In den Jahren 1900 bis 1902 wurden der Abriß und der anschließende Wiederaufbau in umgekehrter Richtung bewerkstelligt, und am 27. Mai 1902 wurde das Bürgle vom Pfarrer Dreher neu geweiht. Heute ist die Kapelle, die einst so schutzlos auf dem Berg stand, von großen Bäumen, Fichten, Kiefern und Buchen, fast völlig zugewachsen. Es sind sogar besonders prächtige Bäume hier im Bürglewald zu sehen, und auch dafür gibt es eine Erklärung: Auf einer Informationstafel wird der Besucher darüber aufgeklärt, daß sich der Wald nach Aufgabe der Schafbeweidung die Fläche zurückeroberte, ohne Hilfe und Zutun des Menschen, und daher wuchsen hier besonders weitständige, tiefbeastete Bäume.

Die Burschenschaftstafel von Weilheim

Viele sind gut und gerne hundertmal daran vorbeigefahren und haben nichts gemerkt, andere wußten zwar, daß da etwas war, doch sie haben nichts gesehen, und nur einige wenige haben sie entdeckt, die beiden Erinnerungstafeln an die Tübinger Studentenverbindungen am »Weilheimer Kneiple« bei Weilheim, einem Vorort der Universitätsstadt Tübingen. Man muß schon unmittelbar an das Gebäude herantreten, das in einer Kurve an der Straße Rottenburg–Tübingen liegt, um die Texte der beiden Tafeln entziffern zu können. Sie flankieren eine Bierreklame und ein Wirtshausschild aus Plastik, die eine aus schwarzem Metall, die andere (ältere) immerhin aus schwarzem Marmor. Auf der einen steht zu lesen: »Hier wurde am 15. Januar 1857 die älteste, nicht farbentragende Verbindung Deutschlands ›Stochdorphia Tübingen‹ gegründet.« Auf der anderen: »Hier wurde am 12. Dezember 1816 die Tübinger Burschenschaft gegründet.« Das ist alles, und dennoch, gerade die ältere, die die Gründung der Tübinger Burschenschaft anzeigt, ist besonders wichtig auch für die Geschichte der Universität Tübingen, zu der seit dem 19. Jahrhundert die Studentenverbindungen gehören, nicht immer von allen gern gesehen, aber halt auch nicht mehr wegzudenken.

Man sieht sie ja auch heute noch (sogar wieder verstärkt), vor allem an den Wochenenden, mit ihren Farben Blau-Weiß-Rot, Schwarz-Weiß-Grün oder Blau-Weiß-Gold in und um Tübingen. Es gibt die Stocherkahnrennen der Verbindungen auf dem Neckar, und es gibt die »alten Herren«, die, mit Schärpe und Mütze versehen, mindestens einmal im Jahr hierherkommen und die Erinnerungen an die Studentenzeit auffrischen. Was heute so erzkonservativ wirkt, war früher, in der Anfangszeit der studentischen Verbindungen, im gesamten deutschen Reich ein Politikum ersten Ranges. Im von Kleinstaaterei geprägten, zersplitterten Reich waren es gerade die fortschrittlichen Studenten, die nach Freiheit, Demokratie und nationaler Einheit riefen. Ein erster Höhepunkt dieser Bewegung war im Oktober 1817 das Fest auf der Wartburg, wo sich die 1815 gegründete deutsche Burschenschaft anläßlich der 300-Jahr-Feier der Reformation unter dem Motto »Gott, Ehre, Freiheit, Vaterland« versammelte und sich die Farben des Lützowschen Freikorps Schwarz-Rot-Gold aufs Banner heftete – das erregte Aufsehen, war revolutionär und gar nicht im Sinne so manches Kleinstaat-Despoten. Nachdem im März des Jahres 1819 der russische Staatsrat und Dichter August von Kotzebue in Mannheim von dem Studenten Karl Ludwig Sand als angeblicher russischer Spion ermordet worden war, gerieten die Burschenschaften unter Druck und wurden als »demagogische Bewegung« im gesamten Reich verfolgt (Sand hatte übrigens drei Jahre vorher in Tübingen studiert und in der Neckargasse gewohnt). Im Lauf der Jahrzehnte dann verloren die studentischen Verbindungen allmählich ihren politischen Charakter, vor allem nach der Revolution von 1848, und gerade sie, die einst als staatsfeindlich galten, werden spätestens seit den sechziger Jahren dieses Jahrhunderts auch von vielen Kommilitonen als rückständig, als konservativ abgelehnt.

Zurück zum 12. Dezember 1816, als im heutigen »Weilheimer Kneiple« laut Gedenktafel die Tübinger Burschenschaft »Arminia« gegründet worden ist: »Neuwirtshaus« wurde das Gebäude damals genannt, in dem sich an diesem Tag über 50 Studenten versammelten und die Statuten ihrer künftigen Burschenschaft entwarfen. Als Vorbild dienten die Jenaer Studenten, die damals die Spitze der Bewegung bildeten. Zunächst tagte man unter den Farben Himmelblau-Schwarz, hatte viele Eintritte, aber auch viele Austritte zu verzeichnen. So ganz überschaubar war die Lage damals nicht – nicht alle Landsmannschaften, vor allem die Tübinger Suevia, wollten der Burschenschaft »Arminia« beitreten. Es kam sogar zu einem Duell zwischen Vertretern beider Richtungen. Doch als – Nachwirkung des erfolgreichen Wartburgfestes – am 18. Oktober 1818 in Jena die Allgemeine Deutsche Burschenschaft als Gesamtvertretung der deutschen Studenten gegründet wurde, war auch die Tübinger »Arminia« dabei und übernahm die Bundesfarben Schwarz-Rot-Gold. An diese mittlerweile fast vergessenen turbulenten Gründungsjahre erinnert die Marmortafel am »Weilheimer Kneiple«, direkt neben der Bierreklame.

Das Kernerhaus in Weinsberg

Das Haus ist der »Treffpunkt der Romantik in Schwaben« – zumindest bezeichnen es Hinweistafeln in Weinsberg so. Über dem Eingang steht das lateinische »Salve« (Sei gegrüßt), und schon von außen macht es einen einladenden Eindruck: das Weinsberger Kernerhaus, das Haus, das von Justinus Kerner, dem Oberamtsarzt, Dichter und Retter der »Weibertreu«, im Jahr 1822 erbaut worden ist. Ein Türmchen wie eine Art Leuchtturm mit Blick in alle Richtungen, ein schöner Garten und ein Stück alter Stadtmauer samt »Geisterturm« gehören zu dem Anwesen, in dem Justinus Kerner bis zu seinem Tod im Jahr 1862 lebte. Hierher sind sie alle gekommen, die schwäbischen Dichter, die deutschen Romantiker und Freunde Kerners: Eduard Mörike, Gustav Schwab, Ludwig Uhland, Nikolaus Lenau, Karl August Varnhagen von Ense, Ottilie Wildermuth und die vielen anderen, die bei schönem Wetter im Garten des Kernerhauses saßen und von Friederike Kerner, Kerners »Rickele«, bewirtet wurden. Als Dichter ist er nicht zum ganz großen Ruhm gelangt – trotz seines »Preisend mit viel schönen Reden« –, doch er war vieles mehr: Freund und Kontaktperson für einen großen Kreis, Arzt, Mystiker, der sich in seinem »Geisterturm« mit allerlei okkulten Phänomenen beschäftigte, ein phantasievoller Klecksograph, der die herrlichen Klecksbilder ausmalte, ein weltoffener Mann und Weinfreund – es ist fast unmöglich, die Persönlichkeit Justinus Kerners mit wenigen Worten zu charakterisieren.

Er war jedenfalls schon zu Lebzeiten ein hochgeachteter, ein berühmter Mann, der 1786 in Ludwigsburg als Sohn des dortigen Oberamtmanns geborene Justinus Kerner. Sogar eine Weinsorte hat man später nach ihm, der sich als Arzt ausführlich mit den »Wirkungen des Rieslings auf das Nervensystem« auseinandersetzte, benannt: den »Kerner«, der hier in Weinsberg gezüchtet worden ist. Vom Wein hat er viel gehalten und ihn in so manchem Gedicht besungen, wie etwa in dem Gedicht über die Weibertreu und ihre Rebhänge, in dem es heißt: »Sei uns gegrüßt, du edler Berg in deinem Rebenkleid! / Wo Liebe ist, muß Wein, ja Wein, / das warme Blut der Jugend sein, / daß Alter flieht und Leid.«

Er war ein vielseitig interessierter und begabter Mann: So hat er in die Fensternischen eines vom Wind umwehten Turms der Burg Weibertreu Äolsharfen eingesetzt, damit man hier oben allezeit die himmlischen Stimmen »in dem Grundtone der Natur« hören konnte, er hat parapsychologische Experimente angestellt und ist berühmt geworden mit der »Seherin von Prevorst«, die er in sein Haus aufgenommen hat. Diese Seherin hat ihn fasziniert, nach ihren Anleitungen hat er einen – heute im Kernerhaus ausgestellten – Nervenstimmer bauen lassen, er hat über sie geschrieben, über ihre Fähigkeiten, über ihre Visionen. Die Behandlung von Krankheiten durch das Magnetisieren hat ihn beschäftigt, die Behandlung von Ge-

mütskranken ihn in Anspruch genommen – auch sein Dichterfreund Nikolaus Lenau zählte zu seinen Patienten. Aus seiner Feder stammt aber auch eine so nüchterne Schrift wie »Neue Beobachtungen über die in Württemberg so häufig vorfallenden tödlichen Vergiftungen durch den Genuß geräucherter Würste«, ein damals vielbeachtetes Werk übrigens. Er war ein Allround-Talent, würden wir heute sagen und ihm noch immer nicht gerecht werden, denn er war in erster Linie ein Mensch, der offenbar zuhören konnte, dessen Art – das bestätigen seine Zeitgenossen – beruhigend, sicher, warm und freundlich wirkte, ein sensibler Mensch, dem es immer besonders naheging, wenn ihm Patienten, vor allem Kinder, starben, und der in den letzten Jahren seines Lebens trotz seiner vielfältigen Interessen, trotz der vielen Freunde und Bewunderer einsam war: Sein geliebtes »Rickele« war am Ostersonntag 1854 gestorben – über diesen Verlust kam Justinus Kerner nicht hinweg.

Das Leben eines außergewöhnlichen Menschen wird hier im Kernerhaus dokumentiert. Man sollte sich viel Zeit nehmen, um sich in die Biographie dieses Mannes zu vertiefen und sich das Leben in diesen Räumen, im Garten am Fuß der »Weibertreu« vorzustellen, der Burg, die ihre Erhaltung auch dem Mann zu verdanken hat, der hier 40 Jahre lang gelebt hat.

Die Weibertreu in Weinsberg

»Von mancher edlen Burg in Deutschlands Gauen
Versanken längst in Nacht die letzten Trümmer.
Auch Barbarossas Burg erblickt ihr nimmer,
Kahl steht der Berg, auf dem sie war zu schauen.
In Staub verweht, was Stolz und Herrschsucht bauen,
Was Treu und Liebe bauen, dauert immer.
Seht Weinsbergs Burg! Wie glänzt im neuen Schimmer
Das Mal der Lieb und Treue deutscher Frauen.«

Justinus Kerner, der Dichter und Oberamtsarzt in
Weinsberg hat dieses Gedicht über die Burg Weibertreu,
das Wahrzeichen von Weinsberg, geschrieben. Und wer
hat nicht alles diese Burg besucht, deren Geschichte von
den treuen Weibern zum Begriff geworden ist: In die sogenannte Königsmauer sind die Namen der fürstlichen
Besucher gemeißelt, Namen wie Kaiser Franz I. von
Österreich, König Karl von Württemberg, Königin Olga
von Württemberg, der spätere König Wilhelm II. von
Württemberg, Prinz Hermann von Sachsen-Weimar,
Herzog Max von Bayern und viele andere. Und die Liste
der Dichter, vor allem der Romantiker, die es zur Wei-

bertreu gezogen hat, ist noch länger: Achim von Arnim, Wilhelm Hauff, Hermann Kurz, Nikolaus Lenau, Eduard Mörike, Gustav Schwab, Ludwig Uhland, Karl August Varnhagen von Ense, Ottilie Wildermuth ... An den Mauern sind zahlreiche in den Stein gravierte Gedichte zu lesen, vor allem romantische, wie das von Carl Mayer: »Ich und das Abendlicht sind still hier eingekehrt«, oder nachdenkliche, wie Justinus Kerners Verse beim Eingang: »Getragen hat mein Weib mich nicht, aber ertragen, / das war ein schwereres Gewicht, als ich mag sagen.«

Es ist die – verbürgte – Geschichte von den treuen Weibern von Weinsberg, die die Burg so berühmt gemacht hat, eine Geschichte, die der Burg schließlich auch ihren Namen gegeben hat. Bis zur Mitte des 15. Jahrhunderts war sie im Besitz der Herren von Weinsberg, die sich nach der Burg nannten. Den Namen »Weibertreu« erhielt sie erst Jahrhunderte nach dem denkwürdigen Ereignis. Es war am 21. Dezember des Jahres 1140, als der Stauferkönig Konrad III. nach längerer Belagerung und einer siegreichen Schlacht die Burgbesatzung zur Kapitulation aufforderte. Während den männlichen Verteidigern der Tod drohte, bot der König den Frauen auf der Burg nicht nur großzügig freien Abzug an, sondern erlaubte ihnen auch, soviel an Hab und Gut mitzunehmen, wie sie tragen könnten. Die Frauen nahmen den König beim Wort: Sie luden sich ihre Männer auf den Rücken und schleppten sie vor den Augen des nicht wenig verblüfften Königs aus der Burg und retteten ihnen so das Leben. Denn der König hielt sein Wort, obwohl er natürlich nie und nimmer daran gedacht hatte, daß das Hab und Gut der listigen Frauen ihre vom Tode bedrohten Männer sein würden.

Alles andere als ergötzlich ist eine zweite Begebenheit, mit der die Burg Weibertreu noch einmal in der Geschichte auftaucht. Im Bauernkrieg, am Ostersonntag 1525, wurde die Burg von dem sogenannten »hellen Haufen« der Aufständischen eingenommen, der die Besatzung größtenteils umbrachte, darunter auch den 27jährigen Hauptmann Ludwig Graf von Helfenstein, der nach seiner Gefangennahme durch die Spieße der Bauern gejagt wurde und so elend ums Leben kam.

Vor dem völligen Zerfall rettete die Burg der bereits erwähnte Justinus Kerner, der 1824 – auf den Namen der Burg anspielend – einen »Frauenverein Weinsberg« ins Leben rief, um die Burg zu erhalten. König Wilhelm I. von Württemberg übertrug dem »Frauenverein« bereits ein knappes Jahr nach dessen Gründung den Besitz der Weibertreu. Zur Finanzierung der umfangreichen Restaurierungsarbeiten ließ sich der phantasievolle Kerner etwas Besonderes einfallen: Geschliffene Steinchen von den Burgtrümmern wurden in Ringe gefaßt, die als »Weibertreuringe« in ganz Deutschland zum Verkauf angeboten wurden – mit großem Erfolg und dem Resultat, daß die Burg tatsächlich vor dem weiteren Verfall bewahrt werden konnte.

Von weitem zu sehen, ist die Burg heute vielen Autofahrern vom Autobahnkreuz Weinsberg her ein vertrauter Anblick. Inmitten von Weinbergen liegt sie, die Landschaft beherrschend, und man versteht, warum Justinus Kerner so viele seiner Gäste hierher geführt hat. Doch wer heute hier oben seinen Blick schweifen läßt, bekommt auch das 20. Jahrhundert dazugeliefert. Ebenso unübersehbar wie die Burg auf der einen Seite sind die Fabrikschornsteine von Heilbronn und der Kraftwerkskühlturm auf der anderen Seite: Vergangenheit und Gegenwart, Romantik und 20. Jahrhundert – selten ist der Gegensatz so augenfällig wie hier auf der Weiber-treu von Weinsberg.

Der Italienerplatz auf dem Witthoh

Bei klarem Wetter ist der Blick von hier oben überwältigend: Man sieht den Hegau, dahinter Teile des Bodensees, die Alpen von der Zugspitze bis zum Berner Oberland, den Schwarzwald mit dem Feldberg. Schon Goethe hat auf einer seiner Reisen in die Schweiz die Aussicht vom Witthoh, dem 860 Meter hohen Berg bei Tuttlingen, überschwenglich gepriesen. Allerdings zieht hier oft auch Nebel herauf, und so kann es einem durchaus passieren, daß man allenfalls noch die Hand vor Augen und sonst gar nichts sieht. Und der alles verhüllende feuchtkalte Nebel macht die Verbrechen vorstellbar, die hier oben verübt wurden und die man in Tuttlingen bis heute nicht vergessen hat.

Hier geschah im Jahr 1794 der schreckliche Mord an dem Rosenfelder Müller Andreas Storz, an den noch heute ein Gedenkstein mit einem Kreuz erinnert, und hier kam es am 8. Dezember 1861 zum sogenannten »Italienermord«, der in die Kriminalgeschichte eingegangen ist: Der Kriminologe Hans von Hentig hat aufgrund des Tuttlinger »Italienermordes« seine Thesen untermauert, daß bei einer solchen Tat die Höhenlage eine Rolle spielt

(der Täter sucht sich wenn möglich immer eine hochgele-
gene Stelle aus), ferner, daß es den Täter immer an den
Tatort zurückzieht, und schließlich – der sogenannte
»Linksdrall« –, daß ein fliehender Täter immer nach links
läuft, im Extremfall im Kreis. All das hat Hans von Hentig am Beispiel des »Italienermordes« auf dem Witthoh
begründet.

Was also ist damals hier oben passiert? Am 19. März
1862 machte der Kaufmann Gustav Friedrich Megenhart
in einem Waldstück eine grauenhafte Entdeckung: Er
fand hier die schon teilweise verweste Leiche eines brutal ermordeten jungen Mannes. Zurück in Tuttlingen,
meldete er den Mord sofort dem Landjäger-Stations-
kommando. Megenhart soll, so heißt es in Tuttlingen,
von jenem Tag der entsetzlichen Entdeckung an gekrän-
kelt haben – drei Jahre später ist er, 48jährig, gestorben.

Mit den Ermittlungen wurde der Landjäger Strecker be-
auftragt, der schon bald herausfand, wer für den Mord
verantwortlich war. Der Tote war ein Italiener aus der
Nähe von Trient gewesen, der zusammen mit vielen anderen am Bau der Eisenbahn in Württemberg mitgearbei-
tet hatte. Mit einigen italienischen Kollegen hatte er sich
im November 1861, nach dem Ende der Bauarbeiten, auf
den Rückweg nach Italien gemacht. Zunächst sollte es
über Tuttlingen nach Schaffhausen gehen. Anscheinend
war er, im Gegensatz zu den anderen, sehr sparsam mit
seinem verdienten Geld umgegangen, was bei den Kollegen zunächst Neidgefühle weckte und später den Plan
reifen ließ, ihn umzubringen, um so an sein Geld zu
kommen. Mehrere Anläufe zu dieser Tat scheiterten
mangels Gelegenheit, bis man schließlich am Morgen
des 8. Dezember zum Witthoh hinaufstieg. An diesem
Morgen soll Nebel geherrscht haben, »ideales Mordwet-

ter« also: Plötzlich erhielt das 27jährige Opfer von hinten einen Schlag auf den Kopf. Der junge Mann stürzte ohnmächtig nieder und wurde in den nahen Wald gezerrt, wo er noch einmal zu sich kam und seine Mörder flehentlich bat, doch von ihm abzulassen. Mit beispielloser Brutalität schlugen diese jedoch auf ihn ein – bei der Obduktion wurde festgestellt, daß der Schädel in 49 Teile zertrümmert worden war. Danach wurde die blutüberströmte Leiche ausgeraubt. Schuldscheine, die der Tote von ihnen in der Tasche hatte, warfen die Täter einfach weg. Genau das aber wurde ihnen im Verlauf der Ermittlungen zum Verhängnis. In einer Wirtschaft zählte die Bande das erbeutete Geld und war maßlos enttäuscht: Das konnte doch nicht alles sein! Also kehrten zwei von ihnen noch einmal an den Tatort zurück und durchsuchten den Toten erneut, doch Geld fanden sie nicht.

Schon sechs Tage nach der Entdeckung der Leiche war der Landjäger Strecker mit seinen Ermittlungen am Ziel: In Schaffhausen konnten die Täter verhaftet werden, und ein Jahr später, nach langen Untersuchungen, die dadurch erschwert wurden, daß die Mörder nur Italienisch sprachen, wurde der Prozeß vor dem Schwurgericht in Rottweil eröffnet. Die Urteile wurden am 2. Mai 1863 verkündet: 22 Jahre Zuchthaus für zwei an der Tat beteiligte ältere Männer, eine Frau erhielt 23 Jahre Zuchthaus, und die vier Haupttäter im Alter zwischen 21 und 28 Jahren wurden zum Tod durch Enthauptung verurteilt. Am 6. Juni 1863 wurden die Todesurteile im Hof des Rottweiler Gefängnisses vollstreckt. Diese Geschichte vom »Italienermord« erklärt, warum im Volksmund ein Stück des Witthoh »Italienerplatz« heißt.

Die Wurmlinger Kapelle

»Droben stehet die Kapelle . . .« Welches württembergische Schulkind hat nicht schon die im 19. Jahrhundert
vom Schwaben Ludwig Uhland gedichteten Verse über
den Hirtenknaben und den schauerlich-vorausahnenden
Glockenklang der Kapelle auswendig lernen müssen und
– wie Generationen vor ihm – unweigerlich den Fehler
gemacht, statt »schauet still ins Tal hinab« »blicket
still . . .« aufzusagen?
Die Wurmlinger Kapelle, erst kürzlich renoviert, hat
mehr als nur einen Dichter angeregt, doch Uhlands »Droben stehet die Kapelle« ist das mit Abstand berühmteste
Gedicht geworden und bis auf den heutigen Tag geblieben. In ihrer jetzigen Gestalt wurde die Kapelle gegen Ende des 17. Jahrhunderts errichtet, nachdem sie 1648 abge-
brannt war. Die erste Kapelle – wohl zunächst ein Holz-
kirchlein – stand vermutlich schon im 8. Jahrhundert
oben auf dem Remigiusberg, dem 150 Meter hohen Bergkegel über dem Ammer- und dem Neckartal. Im 12. Jahrhundert wurde dann eine neue Kapelle gebaut, ein Stein-
bau, der die Jahrhunderte bis zu dem erwähnten Brand am
Ende des Dreißigjährigen Krieges überdauerte.

Daß gerade hier, hoch über Wurmlingen, eine Kapelle erbaut wurde, könnte sich durchaus mit der landschaftlich so reizvollen Lage und mit dem Dank der Menschen an ihren Schöpfer erklären lassen wie mit wahrscheinlichen heidnischen Vorgänger-Heiligtümern, doch ist die Deutung, die uns eine Sage gibt, mit Sicherheit die schönere Erklärung.

Nach dieser Sage hat es im frühen Mittelalter einen Grafen Anselm von Calw gegeben, der eines Tages sein Ende nahen fühlte und deshalb ein Testament aufsetzen ließ, in dem er verfügte, daß man nach seinem Tode seinen Leichnam auf einen Ochsenkarren laden und ihn dort begraben solle, wo der von zwei Ochsen gezogene Wagen halte. An seiner letzten Ruhestätte solle man dann eine Grabkapelle errichten. Das Resultat erblickt man heute in Gestalt der Wurmlinger Kapelle. Allerdings fragt man sich, warum die beiden Rindviecher den Leichnam des Grafen geduldig 150 Meter den Berg hinaufgezogen haben, statt schon unten anzuhalten und sich die ganze Plackerei zu sparen – aber dann wäre die Kapelle nie auf den Berg gekommen, und Ludwig Uhland hätte sie wohl auch nicht besungen. Seien wir den beiden Ochsen also dankbar dafür, daß sie sich als echte Rindviecher erwiesen haben.

Denn die Kapelle steht nun einmal »droben« auf dem Berg, und jeder, der den beschwerlichen Aufstieg auf dem Kreuzweg hinter sich gebracht hat, wird mit dem unvergeßlichen Blick über die Weinberge und die beiden Flußtäler reichlich belohnt. Bis zum Schönbuch, ins Herrenberger Gäu, nach Rottenburg, fast nach Tübingen, zum Hohenzollern, zum Rammert und zur Schwäbischen Alb kann man schauen, und ständig ändert sich der Anblick durch die vorbeiziehenden Wolken, durch das Licht und den im Herbst von unten aufsteigenden Nebel. Empfehlenswert ist der frühe Morgen oder der späte Nachmittag, denn zu diesen Stunden verleiht das Licht der Landschaft einen eigenen, zusätzlichen Reiz – und dann freut man sich besonders, wenn einem das Gedicht wieder einfällt, das man als Kind einmal mit soviel Mühe auswendig gelernt hat:

»Droben stehet die Kapelle,
Schauet still ins Tal hinab,
Drunten singt bei Wies'und Quelle
Froh und hell der Hirtenknab.

Traurig tönt das Glöcklein nieder,
Schauerlich der Leichenchor,
Stille sind die frohen Lieder,
Und der Knabe lauscht empor.

Droben bringt man sie zu Grabe,
Die sich freuten in dem Tal.
Hirtenknabe, Hirtenknabe!
Dir auch singt man dort einmal.«

Das Zaininger Zigeunergrab

In Zainingen, im Kreis Reutlingen, auf der Schwäbischen
Alb, gibt es zwei Besonderheiten, auf die die Leute hier
oben zu Recht stolz sind: Das ist zum einen die Dorfhü-
le, eine der letzten auf der ganzen Alb, zum anderen die
schöne Wehrkirche mit der vollständig erhaltenen Um-
fassungsmauer, eine Anlage, wie man sie nur selten findet. Das sind die Anziehungspunkte für Wanderer und
Touristen, die in dieses mehrfach ausgezeichnete
»schönste Dorf« kommen. Sie besichtigen die renovierte
Kirche, die alte Mauer, die Hüle mit den Gänsen und En-
ten.
Doch da gibt es noch etwas, gleich außerhalb der alten
Friedhofsmauer, was allerdings nur wenige wissen: ein
Grab, das schon wegen seines Grabsteins aus der Masse
der anderen Gräber auf dem neuen Teil des Zaininger
Friedhofs hervorsticht. Es ist das »Zigeunergrab«, wie es
in Zainingen genannt wird. Alle Grabsteine ringsum sind
aus schwarzem Stein, nur der auf dem Zigeunergrab ist
aus rötlichem Sandstein, mit einem Kreuz obendrauf. In
den Stein ist die Fotografie eines Mannes mit schwarzem
Vollbart und Hut eingelassen, darunter verkünden die

goldenen Buchstaben der Inschrift: »Hier ruht Jakob Reinhardt von Musik, Kreis Schlettstadt, geboren 4. 9. 1863, gestorben 20. 8. 1925, R.I.P.« Wer genauer hinschaut, findet auf dem Sockel eine weitere Inschrift: »Hier ruh' ich auf dem Gottesacker, tu auf Kinder und Enkel warten, Kinder und Enkel, geht nicht vorbei, denkt, daß ich Euer Vater sei!«

Das Grab ist gepflegt, mit Blumen bepflanzt, den vorderen Teil der Einfassung deckt immergrüner Bewuchs. Was aber hat es auf sich mit dem Zaininger Zigeunergrab, wer war dieser Jakob Reinhardt, der hier begraben ist? Selbst die Zaininger wissen es nicht, können sich auch nicht den merkwürdigen Zusatz »von Musik« erklären, den erst ein Experte zu interpretieren weiß. Das sei ein deutlicher Hinweis darauf, daß es sich um einen Mann gehandelt haben muß, der sich seinen Lebensunterhalt wahrscheinlich mit dem Musizieren verdiente, zumal es bei den Zigeunern viele berühmte Musiker namens Reinhardt gibt: Schnuckenack Reinhardt, Django Reinhardt, um nur die beiden wichtigsten zu nennen. Mag sein, daß der Verstorbene ein weitläufiger Verwandter war, doch das herauszufinden ist praktisch unmöglich, denn mehr als zwei Generationen zurück lassen sich bei den Sinti meist nicht erforschen, und Einträge in Kirchenbücher sind in der Regel spärlich. Also bleibt die Frage, weshalb dieser Jakob Reinhardt gerade hier, auf der Schwäbischen Alb, wo ihn niemand gekannt hat, seine letzte Ruhestätte gefunden hat.

Damals, am 20. August 1925, so erzählt man in Zainingen, war eine Zigeunersippe mit ihrem Oberhaupt Jakob Reinhardt, von Zainingen kommend, auf dem Weiterzug in Richtung Westerheim, als Jakob Reinhardt noch auf Zaininger Markung starb. Die Familie kehrte daraufhin sofort an ihren letzten Lagerplatz zurück. Dann gingen die Angehörigen des Toten durch das Dorf und baten die Bewohner um Trauerkleidung, die die Zainiger erst nach hartnäckig wiederholten Bitten zögernd herausgaben. Außerhalb der alten Friedhofsanlage, direkt an der Mauer, wurde Jakob Reinhardt von Musik dann begraben. Die Friedhofsmauer sei dicht mit Neugierigen besetzt gewesen, heißt es. Nach der Beerdigung, dem Ereignis des Jahres in Zainingen, waren die Gasthäuser überfüllt, sogar das Bier ging aus. Als sich der Trubel gelegt hatte, brachten die Angehörigen des Verstorbenen den Zainingern die entliehenen Trauerkleider zurück, in einwandfreiem Zustand, wie ausdrücklich angemerkt wird. Nachdem die Zigeuner Jakob Reinhardts Wohnwagen verbrannt hatten – die beiden Pferde verkauften sie –, zogen sie weiter.

Jahrzehntelang war das Grab Jakob Reinhardts das einzige weit und breit auf dem neuen Teil des Friedhofs – erst in den sechziger Jahren kamen neue Gräber hinzu. Geschmückt sind sie alle mehr oder weniger gleich, auch das von Jakob Reinhardt, wäre da nicht der aus der Reihe fallende Grabstein. Bepflanzt wird das »Zigeunergrab« von einer Zainingerin, die es, wie sie sagt, einfach als Schande ansah, daß alle anderen Gräber mit Blumen geschmückt waren, nur das Zigeunergrab nicht. Im Frühjahr pflanzt sie Stiefmütterchen, im Sommer Ewigblüher, und auch andere Bürger haben mittlerweile die eine oder andere Pflanze, die sie übrig hatten, hierhergebracht. Einmal im Jahr, an Allerheiligen, erzählt die Frau, kämen wohl Angehörige, vielleicht Enkel des Verstorbenen, legten einen Kranz aufs Grab und gingen dann wieder, ohne mit jemandem gesprochen zu haben ...

Siegfried Junghans
Sweben, Alamannen und Rom
Die Anfänge schwäbisch-alemannischer Geschichte. 280 Seiten mit 32 Abbildungen. Kunstleinen. Der Autor hat aus zahlreichen antiken Quellen ein farbiges Bild jener Völker rekonstruiert, die sich hinter den Namen »Schwaben« und »Alemannen« verbergen.

Otto Krösche
Erlebte Urzeit
Nachdenkliche Spaziergänge auf der Schwäbischen Alb. 280 Seiten mit 32 Tafeln. Kunstleinen. Ein Gang durch die Erdgeschichte bis zum Auftreten des ersten Menschen. Das Buch läßt die Urzeit an Fundstätten und Lebewesen aus Flora und Fauna gegenwärtig werden.

Margot Klee
Archäologie-Führer Baden-Württemberg
238 Seiten mit 148 Abbildungen und Karten. Farbiger fester Einband. 73 Ausflüge in die Archäologie Baden-Württembergs zu gut erhaltenen und restaurierten archäologischen Denkmälern.

Dieter Kapff
Römer, Rätsel und Ruinen
Ausflüge in die heimatliche Archäologie. 128 Seiten mit 49 Abbildungen und 16 Kartenskizzen. Kartoniert. Ein praktischer Führer zu historischen und archäologischen Sehenswürdigkeiten rund um Stuttgart.

Norbert Bongartz/Jörg Biel
Kunst, Archäologie und Museen im Kreis Esslingen
300 Seiten mit 180 Abbildungen. Kunstleinen. Der handliche Führer zu den kunsthistorischen Sehenswürdigkeiten, archäologischen Denkmälern und Museen im Kreis Esslingen.

Ulrich Gräf
Kunst- und Kulturdenkmale im Kreis Ludwigsburg
350 Seiten mit 210 Abbildungen. Kunstleinen. Der handliche Führer zu den kunsthistorischen Sehenswürdigkeiten und Kulturdenkmalen im Kreis Ludwigsburg von Affalterbach bis Walheim.

Konrad Theiss Verlag Stuttgart

Die Geschichte Baden-Württembergs

Hrsg. von Reiner Rinker und Wilfried Setzler. 458 Seiten mit 203 Abbildungen, Stammtafeln, Zeittafel. Kunstleinen. 26 Landeshistoriker stellen die geschichtliche Entwicklung auf dem Boden des heutigen Bundeslandes Baden-Württemberg von der Steinzeit bis zur Gegenwart dar.

Unser Land Baden-Württemberg

Hrsg. von Ernst W. Bauer, Rainer Jooß und Hans Schleuning. 336 Seiten mit 604 großteils farbigen Abbildungen. Farbiger fester Einband. Das Wesentlichste und Wissenswerteste aus Landesgeschichte, Natur und Geographie, Wirtschaft, Technik, Politik und Zeitgeschichte.

Traugott Haberschlacht
Kleine Geschichte(n) von Baden-Württemberg

Verbürgtes, Überliefertes und Erfundenes von der Früh- bis zur Spätzeit. 238 Seiten mit 16 Zeichnungen. Kunstleinen. 39 historische Purzelbäume zum Schmunzeln und Nachdenken.

Literatur im deutschen Südwesten

Hrsg. von Bernhard Zeller und Walter Scheffler. 460 Seiten mit 72 Tafeln. Kunstleinen. 20 renommierte Literaturwissenschaftler geben in 26 reich bebilderten Beiträgen einen Überblick über die literarische Entwicklung in Baden und Württemberg vom Humanismus bis heute.

Hermann Baumhauer
Baden-Württemberg

Bild einer Kulturlandschaft. 256 Seiten mit 156 ganzseitigen Farbtafeln. Großformatiger Bildtextband. Kunstleinen. Der Band führt zu über 150 ausgewählten, besonders eindrucksvollen Sehenswürdigkeiten, die die Kulturlandschaft Baden-Württemberg charakterisieren.

Bernhard Ziegler
Der schwäbische Lindwurm

Funde aus der Urzeit. 171 Seiten mit 21 Farbtafeln und 130 Abbildungen im Text. Kunstleinen. Eine umfassende Dokumentation der Fossilien, die der Boden Südwestdeutschlands bewahrt hat, ihrer Fundorte und ihrer Entdeckung.

Konrad Theiss Verlag Stuttgart